津野海太郎

生きるための読書

新潮社

生きるための読書　目次

もうじき死ぬ人

1 老人でいるのに飽きたよ 9

2 だったら「お祭り読書」でもやってみるか 21

生きるための読書

3 もし目が見えなくなったら——伊藤亜紗 37

4 コモンと気候変動——斎藤幸平 52

5 数学芸人と幼い子の未来——森田真生 65

6 騙しながら助けあう——小川さやか 82

7　バカの壁の外へ――千葉雅也　99

8　「私」がいる文章の方へ――藤原辰史　112

静かなアナキズム

9　テロリズムの時代　129

10　よみがえるアナキズム　142

11　隠れアナキスト・鶴見俊輔　155

12　生きるための読書　172

付記　階段からの転落とその後　194

あとがき　213

装画　José Guadalupe Posada
提供　Heritage Image／アフロ

装幀　新潮社装幀室

生きるための読書

もうじき死ぬ人

1　老人でいるのに飽きたよ

八十代も半ばになると、老人として生きていることに飽きてくる。飽きるというか、「このまま老化のつづきとして、この世から淡々と消えていくのも、ちょっとなあ」という揺れのごときものが、どこからともなく生じてくるのです。

などというと、

――へえ、そんなヘンなこと、ほんとにあるの？

そう笑われてしまいそうだが、あるのですよ、ほんとうに。

もちろん六十代や七十代のころは、こんな微妙な事態がわが身に生じるとは思ってもいなかった。なのに、なぜ？　ひとつにはやはり、いよいよ死が目前にせまってきたせいでしょうな。二〇二二年の現在、私は八十四歳。厚生労働省の簡易生命表（二〇二一年）によると、この年齢の日本人男性の平均余命は、六・九八年といったあたりになるらしい。

——とすると、ええっと、九十一歳か。

でも他人は知らず、いまの私の体感としては、そんな年齢まで元気に生きていられるとは思えない。なにしろ五十代の半ばまで結婚もせず、酒や煙草まみれで、メチャクチャな暮らしをしていたのでね。バチが当たって、近年の体力・気力・記憶力の恐るべき衰退ぶりに、日ごと、うんざりさせられている。それでも八十代にはいって、煙草はもとより、あれほどさかんに飲んでいた酒もやめた。ただし、みずからを律してそうしたわけではない。たんに飲んだり喫《の》んだりするのが体の重荷になり、気がつくと、いつのまにかやめていたにすぎないのだから……。

でもね、そんなだらしのない人間なので、必然的に「老いに飽きる」などという、へんてこな状態に追い込まれてしまった、というわけでもない。

そうなるについては、もうひとつ、より単純な理由があった。つまり老いに飽きる以前に、私は『百歳までの読書術』（本の雑誌社、二〇一五年）にはじまり、『最後の読書』（新潮社、二〇一八年）『かれが最後に書いた本』（同、二〇二二年）とつづく、老人の読書を題材にしたエッセイ集を三冊もだしているのです。

もうすこし説明しておくと、一冊目は『本の雑誌』で二〇一二年から一五年まで、二冊目と三冊目は、新潮社のＷｅｂ雑誌『考える人』で二〇一七年から二一年まで、それぞれ一年ほどの間をおいて連載したもの。したがって年齢でいうと七十四歳から八十三歳にかけての九年間、おなじような文章を延々と書きつづけたことになる。その一冊目、つまり『百歳までの読書術』の冒頭で、こんなふうに私はしるした。

三年まえに七十歳をこえた人間としていわせてもらうが、六十代は、いま思うとホンの短い過渡期だったな。五十代（中年後期）と七十代（まぎれもない老年）のあいだに頼りなくかかった橋。つまり過渡期。どうもそれ以上のものではなかったような気がする。

おわかりでしょう。ようするにこの時期、中ぶらりんな気分で古希を迎えた私は、未来の方角から押し寄せてくる老いの勢い――おのれの体力・気力・記憶力を、片っ端からぶち壊してまわる非情な迫力にはじめて直面し、すくなからず泡を食ったのです。

この調子でいくと、このさき、さらにきつくなるだろう老いの急坂で、じぶんがどんな体験をし、どこまでつらい変貌を強いられてしまうのか、見当がつかない。

――とはいうけどさ、これまでのおれの人生行路にしたところで、本の編集やテント芝居にせよ、戦後、日本人が敬遠してきたアジア世界の現代演劇や、最初期のデジタル文化とのつきあいにせよ、無鉄砲な好奇心を頼りに、そのつど未知の領域に頭から突っ込んでいくのがクセみたいになっていたのだからね。

――いやいや、過去はどうあれ、いまのおれなど一介のポンコツじじいにすぎんよ。それを忘れて突っ込んだところで、あっけなく転倒してしまうのが落ちなんじゃないの。

――うーむ。ならば仕方ない。わが身の無残な変容ぶりを嘆くよりも、それをドライな笑劇として甘受し、あわせて、むかし読んだ本や読みそこなった本を、硬軟ひっくるめて、のんびり読んでいくとしますか――。

と、そう自問自答して開始したのが、前記の「老人読書」シリーズだったのです。

*

それから十年で三冊の本をだし、思いがけない発見がいくつかあった。

たとえば、七十歳をすぎて何年かたったころ、小沢信男と大村彦次郎という二人の先達が、千駄木の小料理屋で、いささか遅れ気味の新老人歓迎会をやってくださった。作家で俳人の小沢さんは私の十一歳上で、元文芸編集者の大村さんは五歳上。ビールで軽く乾杯したあと、「あなたは老人の入り口だが、こっちはもう出口だよ」と、まずは小沢さんがニヤニヤと啖呵を切ってみせた。

——なるほど、小沢さんはあの当時、いまの私とおなじ八十四歳だったのか。で、大村さんは七十八歳。その後、大村さんは二〇一九年に八十五歳で、つづいて小沢さんが二〇二一年に九十三歳でなくなる。

あの日の千駄木で私は、「へえ、おれ、まだ入り口なの？」とかなんとか、センパイの啖呵に冴えない茶々を入れていた。でも、あれはまちがいでしたね。私のような新老人とはちがい、小沢さんも大村さんも、いまの私と同様、すでにご自身が「老いの出口」に早足で近づきつつあることを、さんざん思い知らされていたにちがいないのだから。

ひとくくりに老人といっても、そこには幾段階かの過程がある。私の場合は七十歳をすぎて、ようやくじぶんを掛け値のない老人と認めざるをえなくなったが、実際には、そんな人間は比較的少数で、男女を問わず、退職とか大病とか孫の成長とかで、もっと早く、六十代のどこかで老人の自覚を迫られる人のほうがはるかに多いだろう。

ともあれ、そのようにしてはじまった「初期老人」段階が、八十歳を境に、もう一段階、さきにすすむ。どうやらこれは日本だけのことではないらしい。たとえば、二十世紀のアメリカ文壇を代表する評論家・編集者のマルコム・カウリーに、一九八二年に刊行された『八十路《やそじ》から眺めれば（*The View from 80*）』という本がある。小笠原豊樹さんの名訳が草思社からでているので、読んだ方もおいでだろうが、そこにこんな一節があった。

「八十歳！」とカトリック詩人の大物、ポール・クローデルは日記に記した。「目もだめ、耳もだめ、歯もだめ、足もだめ、呼吸もおぼつかない！　しかし、とどのつまり、それらのもの無しでも満足に生きていけるというのは驚くべきことである！」

そしてカウリーは、「イェイツは老年まで生きながらえた現代の大詩人だが」と、さらに語をつぐ。「死んだときはまだ（今の私としてはこう言いたい）七十三歳の小僧っ子だった」――わざわざ「今の私としては」とことわっているのは、このようにしるした一九八〇年に、カウリーは八十二歳になっていたから。八十二歳のかれには、七十三歳のイェイツが「小僧っ子」に見えた。そう、八十四歳の小沢さんの目に、十一歳下の私が青くさい新老人と映っていたようにね。

＊

八十歳というより、いまの日本では「後期高齢者」といったほうが、ピンとくるかもしれない。「いまの」というのは、二〇〇八年に「後期高齢者医療制度」が施行されたのちの、という意味――。

この制度改革によって、六十五歳以上の人間は「高齢者」と呼ばれるようになり、それをさらに二つの段階に分割して、六十五歳から七十四歳までを「前期高齢者」、七十五歳以上を「後期高齢者」と称する決まりになった。

翌年、十年つとめた大学教員の職をはなれた私はすでに七十一歳になっていた。そのくせ、いまも述べたとおり、やっとじぶんを老人と認めたばかりの曖昧な気分でいたのでね。「おいおい、あと四年で後期高齢者のハンコを押されてしまうのかよ」と、「後期」という語の露骨さに、なんとなくイヤな感じを受けていた。

ましてや私より十歳ほど若い、「まだまだ中年でいけるぞ」とひそかに思っていた団塊（＝全共闘）世代の諸氏などは、新聞やテレビで不意に老人扱いされ、「冗談じゃない」と腹を立てていたようだ。なにせ、もとはといえば「ドント・トラスト・オーヴァー・サーティ（三十歳を越したやつらは信用するな）」の反逆青年だからさ。過ぎ去った時代のそんな気張った思いが、まだいくぶんか残っていたのだろう。

でも最初のうち、そんな「後期高齢者」枠の押しつけに反発していた私も、七十代も終わり近くなると心身の衰えがさらに本格化し、結果として、あれほどイヤだと思っていた「後期」の語を、あんがい素直に受け入れているじぶんを発見することになった。人間の一生というのは正直なものだなと、つくづく思いますよ。

二十代の若者であろうと四十代の中年であろうと、それぞれの世代に、年齢差や時代の気分やかれら特有の行動などで、いかにもそれっぽい区分けがなされてきた。「焼け跡世代」「六〇年安保世代（私だ！）」「団塊世代」「しらけ世代」「新人類世代」「ニューアカ世代」「バブル世代」「就職氷河期世代」「ミレニアル世代」「Z世代」などなど——。

かつては私も並の青年や中年だったので、こうした世代感覚もとりあえずは理解できる。できるけれども、あの当時、私たちとくらべて、はるかにどんよりと澱《よど》んで見えていた老人たちの世界にも、また別の区分けの基準がちゃんと存在していたとはね。そんなこと考えてもいなかったので、老いたのちにそのことに気づき、ちょっと驚いた。そういう話なのですよ、これは。

英語でいえば、ヤング・オールド、ミドル・オールド、オールド・オールドという暗黙の段階づけがあるので、ポール・クローデルもかれの日記に、わざわざ「八十歳！」と感嘆符つきでしるし、小沢さんもまた「そっちは入り口だが、こっちは出口だよ」と啖呵を切ってみせることができた。これはただのグチではないぞ。いうなれば新発見。それも八十代の真正老人（オールド・オールド？）になって、ようやく気づくたぐいのね。

＊

これらの「老人読書」本を書きつぐ過程で、私のうちに生じた変化が、ほかにもいくつかある。なかで大きいのが、いつの間にか死ぬのが怖くなくなっていたこと。

これはとうぜん。なにしろこの九年間に、上記の三冊で言及しただけでも、二十人を優にこえる人たち（家族や友人、直接のつきあいこそなかったが親しく感じていた方々）が、この世界からすがたを消していったのだから。

七十代後半に刊行した『百歳までの読書術』の連載のあいだにも、戸井十月や斎藤晴彦や中川六平といった年少の友人が何人も死んだ。そのせいで二〇一四年、ハルさん（斎藤）が七十三歳で急死したのち、私はこんなふうにしるすことになる。

　人はひとりで死ぬのではない。おなじ時代をいっしょに生きた友だちとともに、順々に、さっさと消えてゆくのだ。現に私たちはそうだし、みなさんもかならずそうなる。友だちは大切にしなければ。（『百歳までの読書術』）

さらにその後、三冊目の『かれが最後に書いた本』を書いた時期になると、死んでいく友人や知人の数が一挙に増え、平野甲賀や樹木希林といった古い仲間をはじめ、柏木博や加藤典洋や坪内祐三などの私よりも若い友人たち、深い付き合いこそなかったが、その文章に長らく親しんできた池内紀、古井由吉、橋本治、和田誠といった方々の死と、たてつづけに出くわすことになった。しかもその半分ほどがコロナ流行下の死だったので、ほとんど通夜も葬儀も「しのぶ会」のたぐいもない索莫たる状況でね。

もちろん私も、そのつど、つよいショックを受けた。ただ、いくらつよくても、この年齢になると、悲しいとか淋しいといったナマな感情は、いやおうなしに薄らいでしまう。

それにくらべて、むかし青年だったころに体験した友人の死は、はっきりちがっていた。

私に即して、その例をひとつだけ挙げておくと、一九六二年、中高・大学を通じての親しい友人だった草間暉雄という男が腎臓の病いで死んだ。まだ二十五歳。六〇年安保闘争期、藤本和子や村松克己とともに私もその片隅に加わっていた早稲田の学生劇団「劇研（演劇研究会）」のリーダーで、卒業後、「独立劇場」という小劇団を発足させたばかりだった。

したがって、もし死なずにいたら、おなじ早大「自由舞台」の鈴木忠志、明大「実験劇場」の大鶴義英（唐十郎）、東大「劇研」の菅孝行《かんたかゆき》たちと並んで、のちのアングラ演劇運動で大いに活躍していたはずなのである。

そんな青年の未来があっけなく奪い去られた。

――あの坂上の病院の薄暗い病室で、あいつはひとりでなにを考えていたのだろう。

それを想像するだけで心が乱れた。いや、そのまえに想像すること自体が怖かった。つまるところ、かれのような若者の死は、かれのみならず、かれのそばでその死につきあった者たちにとっても、ナマもナマ、息がつまり、頭の中が真白になるような烈しい体験にならざるをえなかったのだ。いわば無念死。もしくは、そのころ若い連中のあいだで流行《はや》っていたサルトルやカミュにならって「不条理の死」といってもいいだろう。

そしてこのような死は、あとに残された者の未来をも大きく変えてしまう。

――もし草間があそこで死なずにいたとしたら？

おそらく私がテント芝居の現場にあれほど深入りすることはなかったろうな。やがて藤本和子がアメリカに渡り、そこから新しいタイプの翻訳家（ブローティガン『アメリカの鱒釣り』など）として登場してくるというようなこともね。私にかぎらず、若くして体験する友人の死は、だれにとっても、そういうものであるしかないのですよ。

＊

こうした事情もあって、当時は「死」を、なんの道理もなく若い人間から未来を奪いとる陰惨な暴力のように感じていた。いつかかならず、おなじ力が私にも襲いかかるだろう。そのことを想像するだけで怖かった。

それから半世紀がたち、私は老人になった。そしてさらに何年かたった某日、「あれ、なんだかおれ、死ぬのを怖がっていないみたい」と気づくことになったのである。

老若男女、だれであろうと「死ぬよりは生きているほうがいい」と思うのがふつう。ただ八十歳をこえると、「私の未来」など短かすぎてないも同然になってしまうのでね。となれば怖いもなにもあったものではない。先行していなくなった連中がそうだったように、私もまもなく、かれらとおなじ時代をいっしょに生きた人間として、つまりは死ぬべくして死ぬ者として「さっさと消えてゆく」ことになるだろう。

——それが生物界のさだめ。ジタバタせずに消えていきますよ。

そんな感じで、まあまあ穏やかに暮らしていたのに、はじめにも書いたように、いつの間にか、そうした淡々たる消え方も「ちょっとなあ」と思うようになった。この消え方は私には合わない。うすぎれいな嘘をついているような気がする。なぜだろう。そうぼんやり考えていたら、ふと「もうじき死ぬ人」というフレーズが頭に浮かんだ。

——うん。これ、ちょっといいかも。

あと何年生きていられるかは不明。二年？　三年？　いずれにせよ、その残された短い時間を、ただの「後期高齢者」ではなく「もうじき死ぬ人」として生きてみる。もしかしたら、そういう奥の手もあるんじゃないかしら。

2　だったら「お祭り読書」でもやってみるか

では「もうじき死ぬ人」というフレーズは、いつ私の頭に浮かんだのだろう。それはすぐにわかる。「老人読書」三部作の最終巻『かれが最後に書いた本』の刊行が二〇二二年三月。自室のパソコンで「あとがき」を書いたのが同年の一月で、そこにこんな一節があるのです。

……それやこれやで、八十代も半ばちかくなると、「老いる」というよりは、「もうすぐ死ぬ人」として生きているという感覚のほうがつよくなる。気がつくと、いつの間にか、そうなっていた。かといって、とくに悲しかったり淋しかったりするわけではない。どちらかといえば、もっとさばさばした感じ。ほかの人のことは知らず。すくなくとも私はそう。

若いころは親しい友人が死んだりすると、じぶんが被った喪失感もだが、それよりも死んだやつがかわいそうで、そのたびにジタバタしていた。

でも、いまはちがう。たしかにジタバタはしなくなったが、それでいて、死んだかれらとのつながりは、いまの方がつよく感じられる。動くかれらがいなくなり、私もまた、ほどなく動きを止める。三途の川をはさんでの、そんな人間同士のさしのつきあい。ともあれ、案外、さっぱりしたものなのですよ。


ここになんの気なくしるした「もうすぐ死ぬ人」という語が、まもなく「もうじき死ぬ人」と訂正され、私のうちに居すわることになった。

私のような老人が「もうじき死ぬ人」などというと、死を目前にした人間の悪趣味な強がりと思われてしまうかもしれない。でもちがうのね。さきに「冗談のように」と書いたとおり、私としては強がりとか居直りというよりも、笑いながら口にしたドライな冗談のつもりだったのです。そして、これもあとになって気づいたのだが、私の「もうじき死ぬ人」の周辺には、どうやら十九世紀末から二十世紀の初頭にかけて活躍したメキシコの漫画家、ホセ・グアダルーペ・ポサダの世界観のごときものが、かなり濃厚にただよっているらしい。

ポサダについては、七〇年代の半ば、メキシコに滞在した鶴見俊輔の『グアダルーペの聖母』という本に、こんな一節がある。

死者の記念をすることは、メキシコ人にとって、しめやかな行事であるとともに、そうぞうしい愉快な行事でもあった。さまざまな大きさの骸骨が、祭りにもちだされた。幼くて死んだ子の墓のもりをするのに、しゃりこうべや骸骨の形をした砂糖菓子をつくってもっていってやるようになった。

こうした風習の中で、ポサダは、骸骨（カラヴェラ）を人生批評、社会批評、政治批評の方法として活動させることを考えた。その着想は、芸術家個人として卓抜であっただけでなく、民衆の創意によってすでにふみならされている道にそうて批評をのばしてゆくという点でさらにすぐれており、ヨーロッパ中世の遺産だけでなくメキシコ古代の伝統を現代に復活させる新しい方法を発見したという点でもっとも深い意味で独創的な仕事だった。

ここで鶴見さんのいう「そうぞうしい愉快な行事」とは、秋になると、メキシコ全土で一斉に炸裂する「死者の日」の祭りをさす。

毎年、きまった日に死者たちが生者の空間に戻ってくるという点では、日本のお盆に似ている。ただし日本では祖先の霊をめいめいの家で静かに迎えるだけだが、メキシコ流のお盆では、おびただしい死者たちが「さまざまの大きさの骸骨」と化して、街々の路上に賑やかになだれこんでくる。

あのどんちゃん騒ぎは「金持ちも貧乏人も、死んでしまえばただの骨」という、メキシコ先住民の心に底流する平等感覚の現れなのだそうな。実際に「古代の伝統」なのかどうかはわからないが、スペイン侵略以前、十五世紀から十六世紀にかけて栄えたアステカ文明の時代から、延々とつづいてきた古いお祭りなのはたしからしい。

このポサダに、カラカラに乾いた骸骨のドン・キホーテが、どでかい槍をふりかざし、やはり骸骨と化した愛馬のロシナンテにまたがって突進していく、よく知られた銅版画がある。どうやら私の「もうじき死ぬ人」の背には、そうと意識しないままに、この豪快でグロテスクなイメージまでもが、ひっそりと張りついているようなのだ。

さきに「死ぬのが怖くなくなった」と書いた。その「怖くない死」の動く模型といってもいい。真っ白な骸骨になった鶴見さんを先頭に、おなじく骸骨化した私の友人たち、平野甲賀や樹木希林や斎藤晴彦や戸井十月や柏木博や坪内祐三といった連中が骸骨の馬にまたがって駆け去ったあとを、私の骸骨が、これまた骸骨の馬で懸命に追いかけていく。まあ、そんな感じ。どちらもカラカラと大声で笑いながらね。

＊

こんな「もうじき死ぬ人」のイメージを、面白がって、あれこれひねくり回していたら、じぶんの人生をどう締めくくるか、その構想が突然できてしまった。

つまり「誕生→幼年→少年少女→青年→中年→老人→死」とつづく、ご存じの「人の一生」の大階段。その終りの箇所――「老人」と「死」のあいだに「もうじき死ぬ人」という小階段（一年は短すぎるけれども、五年では長すぎる）を割り込ませてみたらどうだろう。ふとそう思いついたのです。

だから「老人→もうじき死ぬ人→死」という新階段ね。すでに「誕生」と「幼年」のあいだに「赤ちゃん」という非合法（？）の小さな階段があるのだから、まんざら強引すぎる提案ではないと思うのだけど――。

もとよりじぶんの終わり方はじぶんで決めるしかない。この提案にしても、私が冗談で発明した私の終わり方、ようは私のひとり遊びにすぎないので、そこに他人を巻き込むことはできないし、するつもりもないのです。

いや、「遊びにすぎない」というのも遠慮のしすぎかな。いっそ、あからさまに「お祭り」と打って出たほうがいいのかもしれない。

すなわち老化がすすみ、「そろそろおれもおさらばだぞ」と思いはじめたあたりで、「お盆」や「死者の日」に先立って、じぶんだけの小さなお祭りを勝手にやり、それを「もうじき死ぬ人」と呼ぶことにする。つまりは「死ぬすぐまえのひと踊り」ですな。

となると、両親も弟妹もいなくなり、すでに「家」などとは無縁になった私としては、「お盆」よりポサダ流儀の「死者の日」のお祭りの方をお手本にしたくなる。そう考え、あわせて思いだしたのが、私が以前、『百歳までの読書術』で「お祭り読書」と名づけた自前の読書法のことなのです。

はるか昔、まだガキだった私は、せっかく大学に入ったというのに、演劇や恋愛や映画や学生運動に熱中し、まっとうな学問の基礎を身につける努力をさぼってしまった。そのため卒業後も、なにか新しい問題にぶつかるたびに、それと「直接間接にかかわる本を、ひとまず満足できるだけの量、むちゃくちゃに読む」（『百歳までの読書術』）という乱暴なやり方で対処するしかなくなった。それでも長い時間がたつうちに、このやり方もそれなりに洗練され、のちにそれを「お祭り読書」と、ちょっと気取って名づけることになったのです。

「むちゃくちゃに読む」という以上、それがどれほど小さな疑問であろうと、入門書や専門書や辞書や地図や年表はもとより、小説や音楽や演劇や映画や絵画など、新旧や硬軟を問わず、関連する資料に片っ端から手を伸ばしておきたくなる。

そしてそのさいに、いわば「巷の乱読家」用のお経として見つけたのが、「ひとつのところばかりに専念するのでなく、八方にひろがって、ぐっと押し出す。（略）それが互いに引き合ってつながる。（略）知識というのはそういうもの」（『増補　幸田文対話』岩波現代文庫、二〇一二年）なのだという、まことに大らかな幸田露伴翁の読書法、もしくは勉強術だったのです。

そんな次第で、私の「もうじき死ぬ人」計画という即席の器《うつわ》に、ごく自然に「最後のお祭り読書」という実践的な中身がはめ込まれることになった。

かさねていうが、もちろん「私一人にとっての」ですよ。おなじ「もうじき死ぬ人」でも、読書以外の、たとえば登山や料理や昆虫や宇宙や音楽や博打《ばくち》などに関心を持つ人なら、それぞれに私とはちがう「最後のお祭り」を構想することになる。そして、どんな領域をえらぼうとも、そのどこにじぶんの焦点をしぼるか、あれこれのんびりと考えること自体が、あんがいバカにできない楽しみになってくれる。でもまあ、そのまえに死んじまうかもしれませんがね。

＊

するといまの私は、じぶんの「最後のお祭り読書」の焦点をどこにしぼるつもりなのだろうか。

いや実際には、わざわざ意図しなくとも、気がつくと、これまでは敬遠していた若い人たちの本――なかでも三十代から四十代半ばの人びとを中心とする、おもに人文系の、私から見れば若い研究者たちの本を読むことが多くなっていた。

はじまりは、たぶん伊藤亜紗さん。二〇一五年に刊行された彼女の『目の見えない人は世界をどう見ているのか』という光文社新書に、個人的な理由もあって、つよい印象をうけた。そして、その四年後、『記憶する体』（春秋社刊）という新著に接し、老化につれて狭くなった私の世界の外で、新しく魅力的な知的世界が着実に築かれつつあるらしいことに、やっと気づいたのです。

そして、それをきっかけに、伊藤さんと同世代の人たちの本をポツポツと読むようになった。だとしたら、これを直近の「お祭り読書」――より正確にいえば直近にして最後の「お祭り読書」の対象にしてみたらどうだろう。そして、これはまた私の「もうじき死ぬ人」計画のはじまりでもある。

とりあえずそう決めて、まずは以下にそのうちの代表的な六人と、私が最初に読んだかれらの著書を、読んだ順にしるしておきます。末尾にしるしたのは、それらの著書刊行時の著者たちの満年齢。おおよそ「ミレニアル世代」（一九八一年～一九九六年生まれ）の人たちといっていい。

〇伊藤亜紗（一九七九年生）『目の見えない人は世界をどう見ているのか』（二〇一五年刊・三

十五歳）
○斎藤幸平（一九八七年生）『人新世の「資本論」』（二〇二〇年刊・三十三歳）
○森田真生（一九八五年生）『数学する身体』（二〇一五年刊・三十歳）
○小川さやか（一九七八年生）『チョンキンマンションのボスは知っている』（二〇一九年刊・四十一歳）
○千葉雅也（一九七八年生）『勉強の哲学』（二〇一七年刊・三十八歳）
○藤原辰史《ふじはらたつし》（一九七六年生）『歴史の屑拾い』（二〇二二年刊・四十五歳）

どの本にも、これまで私が読んできた本にはない、それぞれに異なる積極的な特徴がある。しかも、こんなにも積極的なのに文章に高圧的なところがない。だからのびのびと気持ちよく読める。もしかしたら私の人生で、こんな読書体験ははじめてかもしれんぞ、と思わされるほどにね。なのに私はなぜこれまで、かれらの書くものを敬遠していたのだろう。そしてそんな私が、なぜ急にかれらの本を読みはじめたのか。いや、そこに行くまえに、その理由をざっと説明しておいたほうがいいかもしれない。

そこで、まず私がかれらの本を敬遠していた理由からいうと、これはなによりも、かれらが三十代で仕事をはじめたころ、私の年齢が半世紀上の八十歳を越えていたことが大きい。ようするに私が、八十歳の詩人ポール・クローデルが嘆いたのとおなじ状態（目もだめ、耳もだめ、歯もだめ、足もだめ、呼吸もおぼつかない！）になっていたからなのです。したがって、かれらの本をすぐに手にとり、ぐんぐん読みすすむ体力や感度のよさも、とうに失われていた。もちろん記憶力をふくめての頭脳の力もね。

そして心身の老化につれて、じぶんの生きる世界がすさまじい速度でちぢんでいく。学校や職場や酒場や劇場との縁はとうに切れた。さらに八十代も半ば近くになると、街を気ままに歩くことも、親しい友人たちと酒を飲むことも、海外はもちろん国内の一人旅ですら不可能になっていた。

その点では読書も同様——。

たとえば厚い本や重い本ね。この手の本は、いまやもっとも主要な読書の場となった寝室のベッドでは、きわめて扱いにくいしろものに変貌している。そんな厄介なしろものを図書館で借り、あるいは本屋で買って、じぶんの部屋に持ちかえるだけのことが、私の衰えた腕や肩や背にとってはけっこうしんどいのだ。単にそれだけの理由で、多くの本が私の読書対象から自動的に外されていった。

あるいは、どんなに面白そうなミステリー小説でも、しつこい（といまの私には感じられる）どんでん返しの連発や、やけに凝った（同上）文章のものは、これまた自動的に「疲れるのでごめん」ということになってしまう。齢をとると体が濃い味の料理を受けつけなくなる。それとおなじ。若い人にはわかりにくいだろうが、たとえどんな大食漢であろうと、後期高齢者、つまりは「もうじき死ぬ人」になれば、ごく少数の例外をのぞいて、たいていは「濃い味」がダメになってしまうのです。

その証拠というか、つい最近、朝日新聞出版のＰＲ誌『一冊の本』に載っていた永田和宏の連載で、斎藤茂吉のこんな短歌をみつけた。

ひと老いて何のいのりぞ鰻すらあぶら濃過《こす》ぐと言はむとぞする

どう？　思わず笑っちゃうよね。

永田によると、斎藤茂吉は五十代から六十代の十年間で五五二回も鰻を食ったほどの豪傑だったらしい。そんな人も七十代にはいると、こんな切ない嘆きをもらすようになっていたのである。「さすがに歳を取って、鰻の油が鼻についてくる。食べられなくなっていったのでしょう。老いはこんなところにこそ実感されるものです」と、かれ自身が七十代の永田は述べている。

そして、こうした体力の衰退につれて、バリバリの新刊書よりも古い本――すでに死んだ老人や、まだ生きている老人の書いた本、むかし読んだ本や読みそこなった本とつきあっているほうが気楽になる。重くて濃いよりも軽くて薄いほうがいい。よれよれに老いたおかげで、そうした老人読書に特有の枯れた楽しみ方に目ざめることになった。そういってもいいだろう。

もっといえば、これは前記の三冊の自著(老年読書日記のたぐい)のせいでもある。なにしろ七十年や八十年という過去を背負った後期高齢者の現在を公開する、という趣旨でつづけた連載でもあったのでね、あちこちに埋もれたままになっている大小の記憶を、みずからの手で掘ってまわらざるをえなくなる。その想起作業を楽しむなかで、いつしか私も、現在や未来よりも過去に重きをおいて暮らすようになっていた。

そう、かくして私は「過去の人」になったのです。そして、そんな「過去の人」の日常に馴染むにつれて、どこからともなく、「なにかが欠けているみたい、ほんとにこれでいいのかね」という予期せぬ心の揺れが生じてきた。それが前章で「老人でいるのに飽きた」と述べたことの内実なのです。

＊

ここにはなにかが欠けている。その「なにか」とはなにか。ともあれ過去と現在はある。ないのは未来だけ。するとこれは「ここには未来がない」という意味なのだろう。

では「ここ」とはどこか。過去と現在しかない私がそれ。つまり私は「じぶんにはもう未来はない」といっているらしい。そして、その「未来がない」と感じる私は、じつは、ついさっき「死ぬのは怖くない」といったばかりの私なのである。

だからね、ひっそりと消えていくのはいいのですよ。いいのだけれども、私が消えたあとにやって来るのが、深まる気候変動とか土壌破壊とか大地震とか格差の拡大とかパンデミックとか大国の独裁化とか核危機とか、多くの人たちが予感しているような暗黒世界だとするとなァ……。

そう思うにつれて、どんどん気持ちが重くなっていく。かといって、われわれのごとき「もうじき死ぬ人」とちがって、この国には、「私には未来がない」と溜息をついているだけではすまない人びとが大勢いる。

まず第一に、このまま放っておけば暗黒化するしかない未来を、まもなく大人として生きることになる「幼い人」たち。第二に、それら「幼い人」の親たち。そして先にあげたミレニアル世代の諸氏は、まぎれもなく、この「幼い人」の母親や父親の世代に属しているのです。

かといって、なにも私はそのように考えて、かれらの本を読みはじめたのではない。さきのような成りゆきで、なかば偶然に読むようになり、その結果、

――この人たちは、私の育った戦後日本が終わったのちに現れた、とくに意識せずとも、ごく自然に、これまでにない暮らし方（社会での存在の仕方）をしている新種の知識人なのかもしれ

んぞ。

と思うようになった。そしてそれと同時に、かれらが、この世界で生きはじめた赤ん坊や幼児や子どもたちの親の世代であること、つまりは「幼い人」とともに、いやおうなしに暗黒の未来に直面せざるをえなくなった人たちであることにやっと気づいたのです。

生きるための読書

3　もし目が見えなくなったら――伊藤亜紗

二十代のはじめ頃だったと思うが、「もし目が見えなくなったらどうしよう」と、かなり本気で考えた時期がある。なぜかは忘れた。たぶん最初は「本が読めず、映画を観ることもできないなんて、生きている甲斐がないよ」という程度の素朴な理由だったんじゃないかな。

いやいや、それだけではないぞ。

おなじ時期、高校や大学に通うため、いつも乗り降りしていた山手線の高田馬場駅で、時折、白い杖をついた数人の若者たちが楽しそうに話しているのを見かけた。近くに盲人福祉協会の古い建物があったから、おそらくその関係だったのだろう。通学時の雑踏の中で、その一角だけがほんのり明るく見え、おなじ年ごろの私には、それがひときわ好ましく感じられた。「もし目が見えなくなったら」と思うようになったのも、ひとつには、そんな体験があったからかもしれない。

いずれにせよ、

――だったら目が見えない人たちは、毎日、どんなふうに暮らしているのだろう。

そのことが気になり、福祉協会の売店で毎日新聞社刊の新聞『点字毎日』を見せてもらったりとか、いろいろ当たってみた。池袋の街はずれの講堂じみた寒々しい場所に、盲人劇団の人たちの舞台を見に行ったこともある。菊池寛の「父帰る」だったと思うけれども、さだかではない。ともあれ、そんな古めかしい芝居を、しかも盲人の俳優たちが晴眼者の登場人物に扮して演じるので、「なんでわざわざこんな芝居をやるんだよ」と、がっかりした憶えがある。この種の生真面目リアリズムの壁を乗り越えようとするアングラ演劇の出現以前。まだまだそんな時代だったのです。

そして、それから十年ちかい時間がたち、ある日、高杉一郎の『盲目の詩人エロシェンコ』(新潮社)という新刊の評伝を読んだ。この本には拙著『かれが最後に書いた本』でも触れているので、くわしいことは略す。とにかくこの評伝によると、革命期のロシアを逃れた全盲の放浪詩人、主人公のワシリー・エロシェンコという人物は、なかなかの演劇好きだったらしい。なにしろ大正時代の半ば、日本滞在中にも劇場で多くの芝居に接し、その感想を、じぶんの目で見たかのように語るのが常だったというのですからね。

もちろんそれはそれでいいのですよ。でも生まれついての全盲の詩人が「見た」というのはどういう意味なのかしらん。一方でそんな疑問が生じ、ずっとのち、とりあえずの解釈を岩波書店のPR誌『図書』（一九九六年三月号）に寄せた「見えないものを見る」という文章にまとめた。その一部を以下に引用しておくと、

……俳優たちが動きながら発する声、さまざまな音とその反響、開幕と同時に舞台から流れてくるつめたい風、かすかな匂い、動きの気配、人ごみの熱気など、それらすべてのものがひきがねとなって、目の見えない人びとのうちに特定の聴覚的空間、嗅覚的空間がかたちづくられ、それが日常の、よくきたえられた触覚や運動感覚にささえられて、われわれ晴眼者のもつ視覚的空間にかなり近い、あるいは、それに優に匹敵する（ただし通常の視覚的空間とは別種の）密度をそなえたものになりえていたとしたらどうだろう。そこにもまた「見る」としかいいようのない経験が成立していることはたしかなように私にはおもえるのだが。

むかし「もし目が見えなくなったらどうしよう」と怖気づいた青年が、中年になって、そこからの逃げ道のごときものを、エロシェンコの「見る」のうちに見つけた。たぶんあれはそういうことだったのだろうな。ただし「……たしかなように私にはおもえるのだが」と中途半端に終わ

っているあたり、いくらか逃げそこなった感が漂わないでもない。

そして、これをこえる解釈にめぐり会えないまま、ふたたび長い時間がたち、ようやく二〇一五年になって、近所の書店で『目の見えない人は世界をどう見ているのか』という、そのものズバリのタイトルをもつ本と出会うことになった。その刊行されたばかりの光文社新書の著者が伊藤亜紗さん（と敬意を込めて。以下は「さん」抜き）だったのです。

＊

では、この伊藤亜紗とはどういう人物なのだろう。

なにも知らなかったので巻末の著者紹介をのぞいたら、一九七九年生まれ、東京大学の理系コースで生物学を学ぶも、三年次に文系に転じ、大学院で文学博士号を取得とあった。いまは東京工業大学リベラルアーツ研究教育院に属する「美学」専門の教授なのだとか。

それにしても、当初は生物学者になろうと考えていた人が、なぜとつぜん美学者に転じ、しかも美学とはあまり縁のないように思える「目の見えない人の世界」などを、わざわざ研究対象に選んだのだろう。わかりにくい。おそらく読む者のだれもがそう感じるだろうと思ったのでしょうな。この本の「序章」に伊藤はこうしるしている。

自分と異なる体を持った存在のことを、実感として感じてみたい。少々ロマンチックですが、そんな願望が生物オタクの私には強くありました。

ここで伊藤が「自分と異なる体を持った存在」というのは「目の見えない人」――すなわち視覚障害者をさす。

われわれ「目の見える人間」は、ともすれば、じぶんの見ている世界だけがすべてだと思い込んでしまう。でも「目の見えない人」という「異なる体を持った存在」は、それとは「別の世界」で生きている。そして、かれらにとっては、その「別の世界」こそがじぶんの世界なのだ。となると、かえってつよく、その晴眼者には見えない別世界が見たくなる。すなわち、その世界をぜひともじぶんの「実感として感じてみたい」というのです。

誤解を恐れずにいえば、これも私にとっては一つの生物学なのです。障害者は身近にいる「自分と異なる体を持った存在」です。そんな彼らについて、数字ではなく言葉によって、想像力を働かせること。そして想像の中だけかもしれないけれど、視覚を使わない体に変身して生きてみること。それが本書の目的です。

ここでの「数字ではなく言葉によって、想像力を働かせること」という一行こそが、伊藤が理系から文系に転じたことの肝所《かんどころ》だったらしい。

そのさいの「数字→理科→生物学」と「言葉→文学→美学」という二本の線の交差を、さらに理詰めに深めていくことも可能だろうし、現に伊藤もそれを試みている。ただし、ここではその方向で考えるのではなく、この一行を伊藤がじぶんの「言葉」によって実践し、おかげで私の積年の謎が解かれた。もしくは、より深められた。そちらの方向にかぎって報告することにします。で、その一例として――。

この本は、さまざまに状態の異なる四人の視覚障害者へのインタビューを軸にしている。そのひとり、生まれついての弱視で十六歳で失明した木下路徳《みちのり》さんと、はじめてのインタビューをすべく、東急線大岡山駅から伊藤の研究室のある東工大の大岡山キャンパスに向かう道を歩いていたら、

「大岡山はやっぱり山で、いまその斜面をおりているんですね」

そう木下さんがつぶやいた。

それを聞いて、この坂を大学に向かう「道順の一部」としか思っていなかった伊藤は「かなりびっくりしてしまいました」という。彼女の目には、歩くにつれて、サークル勧誘の立て看板と

か、すれちがう同僚の教師とか、混雑した学食の入り口とか、大量の視覚情報がつぎつぎに飛び込んでくる。対するに「視覚を使わない体」の木下さんには、「大岡山という地名」と「足で感じる傾き」という二つの情報があるだけ。どうやらかれはその乏しい情報から推測して大岡山という「山」の俯瞰的イメージを得ているらしい。

ということは、はるか遠くまで「見通す」ことができる「見える人」にくらべて、意外にも「見えない人」のほうが、いまじぶんの歩いている空間を、より大きなスケールでとらえていることになる。逆にいうと、おびただしい視覚情報で埋めつくされた「見える人」の脳には、そうした壮大なイメージを受け入れる余地が残されていない。つまるところ、おなじ坂道を並んで歩いていても、伊藤さんと木下さんは、まったく別の経験をしていたのです。

〔視覚ではなく〕推論によって得られた大岡「山」には、駅前のスーパーも、マクドナルドも、病院もありません。お椀状の土地に、駅、信号、建物などいくつかのランドマークが配置されているだけ。それは幾何学的で抽象的な、図式化された空間です。視覚が個々の物の、とりわけ表面をなぞるのだとすれば、推論によって得られるのは、むしろ物の配置や物と物の関係です。見えない人は、情報量が減る代わりに配置や関係に特化したイメージで空間をとらえているのです。

私の住む浦和の町にも「目の見えない人」がいるので、ときどき、おなじ道を並んで歩くことになる。こちらも足の弱った老人なので歩く速度はおなじくらい。いや、もしかしたら、白杖《はくじょう》をついたあちらのほうがすこし速いかもしれん。

そんなとき、きっと私は「ただ見えないというだけで、かれらもまた、いま私の視覚がとらえているのと同一の光景の中を歩いているのだろう」と、なんの根拠もなく、ぼんやり考えていたにちがいない。

だが伊藤の本を読んでわかった。かれらが「推論」によってイメージしている町もまた、橋や坂や砂利道、交差点のメロディ信号や四季の花の香りや番犬の吠声などの、視覚以外の身体感覚がとらえた「物の配置」や「関係」からなる「図式化された空間」なのだろう。とするとここでも、木下さんや伊藤さんと同様に、かれと私も、おなじ道を歩きながら、それぞれに別の経験をしていたことになる。

もうひとつ例をあげると、「目の見えない人」の部屋はいつもきちんと片付いている、とよくいわれる。それだけ聞くと、ちょっとふしぎな気がするけれど、

――理由は簡単です。

と伊藤はいう。

なぜなら、あるべきものが「定位置」にないと、そのたびに部屋中を手で触って探しまわることになる。そうならないように、ハサミは引き出しの中、財布はテレビの横、醤油はトレイの奥から二番目というふうに、ひとつひとつの「物の置き場所」をきめ、使ったあとはかならず元の場所にもどすようにする。そんな習慣をかれらは自然に身につけているようなのです。こうした日常から生じがちな家族とのトラブルを避け、一人暮らしをえらぶ人も少なくないらしい。

ようするに、じぶんの暮らす町とおなじく、スケールこそ小さいが、じぶんの部屋にも、さまざまな「物の配置」や「関係」からなる「図式化された空間」の見えない地図があり、かれらはさして意識することなく、その地図をつかって淡々と暮らしているのです。

これでもわかりにくいと思う方は、ヨシタケシンスケの『みえるとかみえないとか』（アリス館）という絵本をのぞいてみてください。

表紙に「伊藤亜紗そうだん」とあるように、伊藤の『目の見えない人は世界をどう見ているのか』の世界を――つまりは「見えない人」の見えない世界を、「見える人」のためにわかりやすく絵ときする本で、「数字」のかわりに「言葉」で勝負する伊藤の向こうを張って、じゃあ、こっちは「絵」で「見る人の想像力を働かせよう」と考えたヨシタケ氏の才腕たるや、うん、それだけでも十分に楽しめますよ。

＊

そののち、というのは二〇一九年の終わりごろ、なじみの書店で未知の著者の『記憶する体』（春秋社）という本を見つけ、立ったままパラパラめくって、ちょっとおどろいた。なんとそれは、かつて感心して読んだ『目の見えない人は世界をどう見ているのか』の著者が、その何冊かあとに書いた本だったのです。なのに私は、そのことに気づかなかった。つまりは伊藤亜紗という名を忘れてしまっていたのです。

ただし老耄化した私にとって、こうした体験は、とくにめずらしいものではない。めずらしいどころか、きのう読んだ本の著者や、観た映画の監督や俳優の名まで、片っ端から忘れてしまう。それが常態になっているのですから。とうぜん本や映画のタイトルや著者名もさっさと忘れる。その程度のことで、いちいちジタバタしない。いつしか、そんなクセが身についていた。だからね、「とどのつまり、それらのもの無しでも満足に生きていける」と尻をまくった八十翁、あのポール・クローデルの心境なのですよ。

とはいっても、みずからのボケ具合に「ちょっとおどろく」程度のことはよろこんでさせてもらう。伊藤亜紗の『記憶する体』との遭遇もそのひとつだったのです。

この本では視覚障害だけでなく、四肢切断、麻痺、吃音、難病、二分脊椎症など、さまざまな障害を持つ十二人の人たちが、日々、どのように社会とかかわって生きているのか、そのテクニックを平明な言葉で具体的に説明している。しかも読み物としての筆力が前著よりも増している。あえて編集者的にいうなら、この四年間で文章が格段にうまくなっていたのです。

それやこれやに感心し、当時、新潮社のWeb雑誌でつづけていた「最後の読書」という連載に、「この一年に読んだ本でいちばん」と感想を書いた。それが二〇二〇年一月。ところが、のちにこの連載を『かれが最後に書いた本』という本にまとめたさい、やむをえない事情で、それを収録することができなかった。そこで、この稿の主題に直接かかわる一節を要約して再利用させてもらうことにした。そうおことわりした上で、さきにすすむと——。

いまいった「主題に直接かかわる一節」とは、単行本に収録しそこなった文章の冒頭で、西島玲那という全盲の女性（当時三十歳）がはじめて登場してくる場面をさす。ここで「場面」というのは、この女性、つまり「玲那さん」のさっぱりと明るいふるまいと、それへの著者の柔軟で知的な対応——その両者のやりとりが、あたかも映画の一シーンのように魅力的に構成されていたからです。ときに小説ふうになる文章もなかなか読ませるしね。

玲那さんは十歳で網膜色素変性症と診断され、十五歳で発症、十九歳で完全に失明した。そんな彼女とインタビューのために街の喫茶店で会い、いろいろ話をしながら、その一方で伊藤は

「まったく別のところに気を取られていた」というのです。

〔それは〕なめらかに動くその手でした。（略）彼女は話しながら、ずっと手元の紙にメモをとっていたのです。（略）

書いているあいだ、玲那さんが指で筆跡を確認することはありませんでした。傍目には、目の見える人がメモを取っているのと何ひとつ変わらない手の動き。（略）

使われているのは、A5サイズに折られた広告の裏紙と、先の少し丸くなった鉛筆。席に通されるなり、（略）かばんからチラシの裏紙の束と鉛筆を取り出したので、ハテナと思っていたのですが、あまりに自然にメモを取り始めたので、思わず質問するタイミングを失っていたのです。

A5サイズとは、この連載をのせた『熱風』誌をはじめとする活字中心の雑誌の大きさ。そんな小さなスペースに、どうすれば「目が見えない人」が「的確に字を置いて」いけるのだろう。「自分の手がどれだけ動いたか、その移動距離で位置を確認しているのかも」と考えた伊藤が訊いてみたら、「な〜んも考えてない」という笑い声が返ってきた。それだけでなく、さっき書いた箇所にもどって文字や数字を丸で囲ったり、あらためてアンダーラインを引いたりしている。

そこから見て、どうやら玲那さんは、じぶんが紙に書いたものを映像として正確にイメージしているらしい。

　とすると、いま目のまえにいる玲那さんの体は、全盲という「生理的な体」と、じぶんだけの、すでにクセになった手の動きにしたがって「な〜んも考え」ずにメモをとる「記憶する体」と、その二つの体が一つに合わさってできていることになる。その「不思議な感覚」に、伊藤は「圧倒」されつづけたというのです。

＊

　ここでいう「生理的な体」は全盲の障害者すべてに共通する「一般性」で、一方の「記憶する体」は、個々の視覚障害者がそれぞれの体で、つまりは「意識する脳」とは別のところで、長い時間をかけて獲得してきた「独自性」ということになる。そこで、あらためて「全盲の人が『見た』というのはどういうことなのだろうか」という往年の私の疑問にもどると——。

　この点については、すでに伊藤が『目の見えない人は世界をどう見ているのか』の中で、いちおうの考え方を示していた。その第一が、視覚障害者がしばしば「映画を聴く」といわずに「映画を見た」というのは、この社会ではそういったほうが自然だからで、かれらが実際に「見た」

という事実をさしているわけではない、という考え方。

そして第二は、かれらは「目で見る」に「極めて近い経験」を「目を使わずに」しているのだという考え方。この場合、「見る」という語は「通常私たちが（その語で）理解している経験や感覚」とはことなる、それよりも大きな拡がりをもっていることになる。つまりは「見る」という語の大胆な再定義。そう考えて「私たちは視覚障害者による『見る』『見える』の使用例を含めた形で、『見る』という言葉の意味をとらえてみなければならない」だろう——。

したがって、ここでいう第一の考え方は「目が見えない人」という「一般性」につながり、第二の考え方は個々の視覚障害者が経験によって獲得した、かれらにしかない「固有性」につながることになる。そう考えると、残念ながら往年の私は、劇場でのエロシェンコもふくめて、かれら個々人の「固有性」を無視し、それを盲人という集団の「一般性」としてのみ理解していたことになる。高田馬場駅の白杖の若者たちや池袋の演劇青年たちについても同様。どうやら、そう考えるしかないようなのである。

障害があろうとなかろうと、私たちが社会とかかわるしかたは一様ではない。一般性をつよく意識しながらも、個々の体験をつうじて獲得してきた生き方のクセ、つまり「体のルール」によって、それぞれ別のしかたで社会と繊細な関係をとりむすんでいる。その点は障害者にかぎらない。私のような年老いた人間もおなじ。——といったことをもふくめ、伊藤さんの本を読むことで、ようやく私もその当たり前の事実に気づいたのです。

それにしても、むかし私が若かったころ、具体的にいうと一九六〇年代や七〇年代、『目の見えない人は世界をどう見ているのか』や『記憶する体』のような本が身近にあれば、どんなによかったろう。いまはその気になれば、こんないい本がすぐに見つかる。あまりにもイヤなことが重なるので、ついカッとなって「時代はどんどん悪くなる」と嘆きたくなるが、頭を冷やして考えれば、むかしより確実によくなった面だっていくらもある。おかげで私が、というよりも若い私の生きた時代がもつ鈍感さが大きく修正される。すこしくやしいけどね、「長生きしてよかった」とつくづく思うのです。

4　コモンと気候変動――斎藤幸平

近所の書店に行くと、新書の棚に、ジャレド・ダイアモンド、ジャック・アタリ、ユヴァル・ノア・ハラリといった海外の有名知識人たちを何人もひと括《くく》りにした、おなじようなインタビュー本が何冊も並んでいる。最初、集英社新書の『未来への大分岐――資本主義の終わりか、人間の終焉か？』というインタビュー本を本屋の平台で見かけたときも、どうせその手の本なのだろうと手にとらずにいた。

それが二〇一九年八月のことで、その一年後、翌二〇年の九月に、おなじ集英社新書から『人新世の「資本論」』という単著がでた。これが私のはじめて読んだ斎藤幸平の本で、いまどきこんなに正面きった本が出現するとはと半ばおどろき、ついでに前年にでた『未来への大分岐』まで買って読むことになった。そしてそれがまた、これまで接したことのないような真っ向からのインタビュー本だったのです。

しかし伊藤亜紗の場合と同様、当時は著者の名すら知らなかったので、例によって著者紹介欄を見たら、まだ三十三歳の大阪市立大学経済学研究科（当時。いまは東京大学大学院総合文化研究科・教養学部）の准教授で、どうやら幼い息子がいるらしい。

――へえ、まだ三十三歳なのか。

とすると、いまから五十年ほどまえ、黒テントで旅興行をやっていたころの私とおなじ年代じゃないの。そんな若い人が一冊の小さな本で、われわれ戦後世代の抱いていた硬直したマルクス・イメージを、こともなげにひっくり返してみせた。しかも、その手の「かたい本」が、たちまち四十万部を超えるベストセラーになったのだから、なんというか、もう呆気《あっけ》にとられるしかなかったのですよ。

斎藤は入学した東京大学をすぐにやめ、ドイツのベルリン自由大学とフンボルト大学でまなんだ。そこで、これまで無視されがちだったマルクスのメモや草稿や勉強ノートを丹念に読み込み、晩年のマルクスが従来の主張（進歩史観＝史的唯物論）をみずから大幅に修正しようとしていたことを明らかにした。そして、その研究を英文でまとめた『マルクスのエコロジカル社会主義』（邦訳は『大洪水の前に――マルクスと惑星の物質代謝』堀之内出版）という本で、二〇一八年にドイツチャー記念賞をわずか三十一歳で受賞する。この『人新世の「資本論」』という新書本も、おなじ研究を土台にしたものだったらしい。
もうすこしこまかくいうと、晩年のマルクスは、いまはまだ資本主義の支配下におかれたままの生産手段（土地や機械など）も、時が来れば「立て万国の労働者」たちのコミュニズム革命によって一挙に奪還されることになるだろう、という直線的な進歩史観を捨て、当時最新の自然科学と伝統的な共同体社会《コンミューン》の猛勉強にもとづいて、いまふうにいえば「持続可能で、平等な西欧社会」の実現を周到に構想していたようなのです。

……マルクスにとっても、「コミュニズム」とは、ソ連のような一党独裁と国営化の体制を指すものではなかった。彼にとっての「コミュニズム」とは、生産者たちが生産手段を〈コモン〉として、共同で管理・運営する社会のことだったのだ。

コモンとは「水や土壌のような自然環境、電力や交通機関といった社会的インフラ、教育や医療といった社会制度」など、人びとが生きていくのに必要なものを国家とか大企業の手にゆだねず、直接、じぶんたちの力で支えていくしくみを意味する。
資本主義以前の世界では、多くの地域で、そこに生きる人びとが農業や林業に必要な土地や森林や河川を「共有財」として管理していた。その自然との共生（コモン）の伝統を資本主義の制度や組織が押しつぶし、本来はだれのものでもない共有財を独占的に乗っ取ってしまう。そして以来、長期にわたるコモン解体とそれによる自然破壊が、やがて現在の地球規模の気候変動を引き起こす最大の原因のひとつになっていった。

——このまま従来どおりの自然破壊がつづけば、さして遠くない未来、地球と人類は滅亡に追い込まれるにちがいない。この奔流を押しとどめるのは、もはや資本主義ではむり。それには、かつて強圧的に解体されたコモンの記憶を呼びさまし、なんらかのかたちで、その再生をはかるほかないだろう。それこそが、スターリンのソ連や毛沢東の中国とはことなる、もちろんプーチンのロシアや習近平の中国ともちがう、「コモン主義」としての新しいコミュニズムなのだ。

大ざっぱにいってしまえば、これが斎藤幸平の意見ですね。じっさい、マルクス自身も地域的な生産手段としての自然環境だけでなく、地球全体をコモン（common）として共同管理する社会を、新しいコミュニズム（communism）として構想していたらしい。

したがって、十九世紀末の①コモン再生を軸とする後期マルクス理論の再発見を、②近年、世界規模で広がった気候変動へのつよい関心にかさねていく。というか、②に①をかさねて考えることも可能なのではないかと気づいた斎藤が、これ以上の気候変動や自然破壊にブレーキをかける運動の規模を、未来だけでなく過去に向けても拡げ、来るべき大運動の時空的な厚さをさらに増していく——その手がかりを、これまでだれもが予想しなかったしかたで提示してみせた。これはそういう本でもあったのです。

＊

ただし①についていえば、かつてマルクスが「ミール」というロシアの伝統的な農耕共同体に注目し、そこでの「土地の共同所有」が未来のコミュニズム的発展の出発点になりうるだろうと論じていたこと自体は、昭和の日本でも、ある程度は広く知られていた。その証拠に、マルクス主義の理論書など手に取ったこともない私のような人間ですら、もっと読みやすい本、たとえば網野善彦と鶴見俊輔の『歴史の話』（朝日選書、二〇〇四年）のような対談本を読んで、ぼんやりとではあるが、そのことに気づいていたのですから。

鶴見　和田春樹の『マルクス・エンゲルスと革命ロシア』（勁草書房、一九七五年）を読んでも、ロシアの共同体の意味をはじめに認めているでしょう。ロシアの農民のコミューン（＝ミール）というものの伝統を見ています。

網野　見ていますね。マルクスは、早い時期の中国・インド論ではインドの停滞的な共同体は資本主義によるその破壊によってどんな悲惨なことがあってもこれを壊さなければ進歩は起こらないということを、口をきわめて強調していますけれども、晩年にロシアの勉強をしてからは共同体の中にコミュニズムの原点があるかもしれないという考え方に変わるわけです。（略）マルクスは自分にわかっていることと、わかっていないこととをはっきりと知っている人だと思いますね……。

しかし残念ながら、こうしたマルクス自身による進歩史観や共産主義革命の見なおしを、私のような人間にまで平易なコトバで伝えようとした理論家や知識人など、たぶん一人もいなかったんじゃないかな。なにせ鶴見俊輔の推奨する歴史学者・和田春樹の本（東京大学社会科学研究所研究叢書）にしても、五百ページ近くもある大冊なのですからね。そんな本を一般の人間が手にとろうわけがない。もちろん私もね。ましてや、そのマルクス自身による軌道修正が、こんにちの気候変動や土壌破壊を押しとどめる運動にまで直接つながっていくなどとは、そんなことチラッと考えもしませんでしたよ。

それにしても私は、いまの斎藤とおなじ年ごろだった一九七〇年代の前半、はたして「気候変動や土壌破壊」について、どれほど真剣に考えていただろうか。おそらく、さして真剣には考えていなかったんじゃないかな。ヘタをすると、まったく考えていなかったかもしれない。しかも私だけではない。ほかの多くの日本人にしても、かならずや私と同様の状態におかれていたにちがいないのです。

＊

ただね、かといって当時の日本人が環境破壊の現状にまったく無関心だったわけではない。むしろ、その反対といったほうがいいくらい。

というのも、すでに一九六〇年代には、水俣病をはじめとする「新潟水俣病」や「四日市ぜんそく」や富山の「イタイイタイ病」などの重化学工業による公害問題が、人びとの大きな関心を集めるようになっていましたからね。そしてそんななかで、熊本の水俣病患者とその家族が地域の住民とともに新日本窒素肥料を相手どって損害賠償請求訴訟を起こした。それが一九六九年のこと——。

そして、すでにレイチェル・カーソンの『沈黙の春』の日本語訳が一九六四年に出版され、七二年には、スイスに本拠をおく国際的な民間シンクタンク「ローマクラブ」の報告書「成長の限界」が、「このまま公害・地球温暖化・水不足・飢饉などがつづくと、百年以内に地球上の成長は限界に達するだろう」という警告を発して世界的な反響を呼んだ。

そんななかで、翌七三年に筑摩書房から『終末から』という雑誌が創刊され、井上ひさしの

『吉里吉里人』の連載がはじまる。この「終末」とは、おそらく、ローマクラブの「成長の限界」などで推測可能になった地球と人類の終末を意味していたのだろう。そういえば、小松左京の『日本沈没』が記録的な大ベストセラーになったのも、おなじ一九七三年だったしね。

――というように、水俣病に代表される環境破壊に立ち向かう運動は、この時期にもしっかりと、いや、いまよりもはるかに広く激しいしかたで存在していたのです。なにしろ高度経済成長の真っ只中でしたからね。急激な経済成長の暗黒面としての環境破壊が、この国で、はじめてつよく意識されるようになった。そういったほうがいいかもしれない。

ただし当時の関心の対象は主として公害（大手企業と国家による環境破壊）で、地球規模での気候変動や温暖化ではなかった。そこがポイントですね。これは私だけの印象ではない。その証拠といってもいいだろう。二〇二一年に地球科学者の真鍋淑郎《しゅくろう》が、その五十四年まえ、すなわち一九六七年に発表した論文でノーベル賞を受けた。受賞理由は「地球温暖化に関する世界で最初の貢献」――「もっとも、この論文を書いた時は……」と、真鍋が『文藝春秋』二〇二二年三月号で語っている。

〔当時は〕温暖化の問題がここまで重要になるとは考えていませんでした。それは私だけではなく、おそらく誰も考えていなかったと思います。当時、私の研究に興味を持っていたのは、世界を見まわしても十人程度だったでしょう。それがいまや何千、何万もの人が世界中で研究しているのです。

かさねていうと、この時期はあくまでも公害との闘争が中心で、宇宙規模の地球温暖化やそれによる自然破壊への関心は、いまとなっては信じられないほど薄かったのです。

——いや、それはちがうよ。あなたが知っているだけでも、「地球の崩壊」とたたかおうと大声で主張していた日本人だって、ひとりならずいたんじゃないの。

私の頭のなかでだれかがそうささやき、おかげで思いだした。ほかならぬ往年の百万部雑誌『暮しの手帖』の伝説的編集長・花森安治がその人。「ほかならぬ」というのは、かつて私が『花森安治伝』（新潮社、二〇一三年）という評伝を書いたことがあったからです。この本でも引用したが、これまた当時の百万部雑誌だった『文藝春秋』の一九七二年三月号に、花森が「君もおまえも聞いてくれ」という長い詩のような文章を寄せている。以下はその終わりの一節——。

このへんで、ぼくら、もう頭を切りかえないと、とんでもない手おくれになってしまいそうなのだ。もう、〈国をまもる〉なんてことは、ナンセンスなのだ。
〈地球〉をまもらねばならないのだ。

どっかの国が攻めてきたら、どうする。
この祖国の山河をどうする。
なんて、あいつは、ぶつくさ言っているようだが、それも言おうなら、この〈母なる地球〉をどうする、じゃないのか。（略）
じつをいうと、ぼくは、地球が崩壊するよりまえに、死ぬだろう。この目で、二十一世紀を見とどけることは、不可能なのだ。（略）
しかし、ぼくより、ずっと若い人たち。
おそらく、君たちは、世界中がこんなことをしていたら、地球といっしょに、亡《ほろ》んでゆくかもしれないのだ。その日に立ち会わなければならないのだ。
そういう目に、君たちを会わせる。その責任は、はっきりぼくらにある。

なかには「いつもながらの花森節じゃないの」とせせら笑う人もいた。おそらく、いまもいるだろう。それでもこれが、いささか率直すぎるほどに率直な、しかし、いま読んでも、そのまま通用する文章であることに変わりはないのです。
ここで呼びかけられている「君たち」のなかには、花森より二十七歳下の私もいた。したがって父と子の関係。そして、その子であるところの私が半世紀後に、ややひねくれた「もうじき死ぬ人」となって、いまこの場所で、じぶんより五十歳ほど下の、つまりは孫（花森から見れば曾孫）の世代といってもおかしくない若い研究者が「地球の崩壊」を論じた、これまた率直すぎるほど率直な文章について書いている。そう考えると、われわれに希望はあるのかないのか。なんだかふしぎな気がしますよ。

そして「その責任は、はっきりぼくらにある」と断じた六年後、花森安治は六十六歳で死んだ。したがっていまの私の十八歳下。なぜそんな時期にこれほど切迫した調子の文章を、しかも、わざわざ『文藝春秋』のような大部数の国民雑誌に寄せたのだろう。もしくは寄せることができたのだろうか。

でも、そっちの方向に行くと話がますます長くなりそうだ。関心のある方は、さきにあげた『花森安治伝』という私の旧著をのぞいて見てください。

＊

と、ここまで書いたところで、この連載がのっている『熱風』の一月号が送られてきた。

——あれ、渡辺京二の最後のインタビュー記事が巻頭に掲載されているぞ。

じつをいうと私は渡辺さんが昨二〇二二年末に九十二歳でなくなったことすら知らなかったの

でね。あまりの偶然にちょっとびっくりした。偶然というのは、さきに述べたごとく、渡辺さんが石牟礼道子とともに七〇年代の水俣での住民運動の中心にいたからです。そして、その石牟礼さんも五年まえの二〇一八年に九十歳でなくなっている。

そういえば当時、毎日新聞の記者として熊本にいた大学時代の私の友人・三原浩良《ひろよし》も、この運動でさかんに活動していた。のちに三原は毎日新聞西部本社報道部長を経て、福岡市の葦書房、ついで弦書房の社長になり、渡辺の『逝きし世の面影』や『渡辺京二評論集成』などの本を刊行することになる。かれを通して私は渡辺や水俣の運動について具体的に知ることができた。その親しい友人も二〇一七年に没した。当時の私より一歳上の七十九歳だった。

――などと書くと、思わず「ひとつの時代が終わった」といってしまいたくなる。

いや、実際にも、反公害を軸にした七〇年代の環境破壊への抗議運動は、八〇年代のバブル景気や二十一世紀初頭の小泉内閣の新自由主義経済（市場原理主義）政策のもとで、しだいに影が薄くなっていくように見えていたのです。たとえば、あれはたしか週一度だったと思うが、『朝日新聞』の朝刊に、柄にもなく「MONEY」という投資を煽るパンフレット（おまけの新聞）が挟み込まれていたりとかね。気がつくと、じぶんの周辺が、いつの間にかバリバリの「金、金、金」社会になっていたのです。

それでも、薄くなりかけた影の底のほうでは、この間も、さまざまな動きが、バラバラに散らばったままつづけられていた。

たとえば、石牟礼道子の『苦海浄土　わが水俣病』が一九六九年に講談社から刊行され、その後、時がたつにつれて本のスケールがどんどん大きくなって、現在にいたる。いまや日本だけでなく、時空をまたいだ「世界文学」の域にまでたっしたといっていいだろう。

そしてもうひとつ、人類による空気や水や土地の汚染にもとづいた作品で、しかも時がたつにつれて作品の柄が大きくなってきたという点では、宮崎駿監督の『風の谷のナウシカ』（劇場アニメは一九八四年。雑誌『アニメージュ』の連載漫画は一九八二年〜九四年）もおなじ。高畑勲監督の『平成狸合戦ぽんぽこ』（一九九四年）や、前記・渡辺京二へのインタビューなども合わせて、この『熱風』誌の発行元でもあるスタジオジブリの人びとがもつ、人類的な規模の自然破壊に対する先駆的な関心の深さが伝わってくる。

そしてそう考えると、この『苦海浄土　わが水俣病』と『風の谷のナウシカ』という二つの作品が、一九六〇年代から七〇年代にかけての「公害」による自然破壊への抗議と、二〇一〇年以降の「気候変動」を軸にした自然破壊への抗議――その二つの抗議をへだてる「時間の海」にかかった二つの橋のように思えてくるのです。

5　数学芸人と幼い子の未来――森田真生

本書の「2　だったら『お祭り読書』でもやってみるか」で、最初に私が読んだ森田真生の本として『数学する身体』をあげた。

この本のことは、二〇一五年に新潮社から刊行され、その翌年に小林秀雄賞を受けたころから、なにかと気になっていたのです。それでも手に取ろうとしなかったのは、こちらが中学や高校の頃から、算数とか数学と聞いただけで、身慄《みぶる》いして逃げだすような「数学しそこなった身体」になっていたから。

ところが二〇二二年の一月に『朝日新聞』で「自分でないものの力」という森田さんのエッセイに出会い、「ほほう、こんなやわらかい文章を書く人だったのか」と安心し、それまで敬遠していた『数学する身体』を新潮文庫版で読むことになった。

――読んで？

――うん、よかったですよ。文章もいいし、感心したな。

でも、そのことはしばらくあとにまわし、まずは入口として、このエッセイにあった以下の一節について書いておくことにします。

昨年末、久しぶりに東京で、トークライブを開くことができた。以前は、毎週末のように各地を飛び回り、人前で話すことを生きがいとしていた。だがパンデミック以後、それが難しくなっていった。

だから、久しぶりのライブの時間は、僕にとって大きな喜びだった。客席から漏れ出る笑い声や真剣な眼差《まなざ》し、拍手に、魂を揺さぶられる思いがした。

伊藤亜紗や斎藤幸平とおなじく、森田真生についても私はなにひとつ知らなかったので、今回はウィキペディアとかれのWebサイトを参照させてもらうことにした。

それによると幼少年期をシカゴで過ごし、日本に戻ったのち、桐朋学園の中高時代にはバスケットボール部で活躍。その後、東京大学の文科二類（社会科学系にすすむコース）から工学部を経て理学部数学科に学士入学し、卒業後は「独立研究者」として研究・執筆をするかたわら、二〇〇九年からは「数学の演奏会」「大人のための数学講座」などのトークライブ活動をつづけていた。それがつまり先ほどの「人前で話すことを生きがいとしていた」という時期だったのです。すると、その「トークライブ」とは一体どんなものなのだろう。いちど立ちあってみたいと思っていたが、なにせ、わが身のいちじるしい老化に加えて、パンデミックの真っ只中でもあったので、とうてい無理――。

しかし、さいわいなことにYouTubeで、かれの「数学とは？」という英語によるトークライブ（のちに字幕がつく）に出会うことができた。

数学者というと、私などはつい、暗い研究室に立てこもった内向的な人物を思い浮かべてしまう。ところがステージの森田は、意外にも、ボサボサ頭にジーンズと白シャツ、ピョンピョンと元気に舞台を跳ねまわる少年のような人物だった。そう、よく笑い、時折、聴衆に軽く声をかけたりしながらね。

だとしたら、そんな人物が、なぜ数学をテーマにトークライブをやろうなどと思いたったのかしらん。それについては、かれ自身がそこで、おおよそこんな意味のことを話している。

――数学は数だけの世界ではない。だから僕は数学について数字なしで何日でもしゃべることができる。数学の世界では、毎日のように新しい定理が証明され、新しいアイデアや概念が創造されている。数学とは終わりのない開かれた創造行為なのです。

もしこれが音楽であれば、バッハとかモーツァルトとか、まず作曲家がいて曲を創造し、その曲を演奏家たちが演奏しますよね。おかげで僕たちも素晴らしい音楽を聴くことができる。

それと同様に数学の世界でも、毎日、新しい数学が創造されている。しかし残念なことに、この世界にはそれを演奏する人がいない。したがって聴くことができるのはごく少数の数学者だけ。僕はその閉じた状況を少しでも変えたいのです。

つまりこれは、しばらく、私は数学の「作曲家」ではなく、その「演奏家」として、もっとあけすけにいってしまうなら、この世界に、ひとりの「数学芸人」としてかかわっていくぞ、という宣言でもあったのでしょう。

ついでにいうと、YouTubeでは、この「数学とは？」という英語の出し物に「114件のコメント」（二〇二三年一月現在）がついている。なかでいちばん古いのが十年まえのもの。ということは、内容こそことなれ、おなじタイトルのトークライブが二〇一三年ごろ、つまり東日本大震災とフクシマ第一原発崩落のあとから延々とつづいてきたことになる。なにしろトークが英語なので、コメントのほとんどは英語だが、数こそ少ないけれども日本語のコメントもある。「何より、『数学なんて辛くて難しくてつまらない』と言う自身ではなく数学を受け入れている新しい自身を摑み取れそうで嬉しいです」などなど——。

＊

YouTube では、かれの数学トークだけでなく、宗教、政治、社会運動、金儲け、家事、スポーツなど、アメリカ合衆国の、さまざまな領域の専門家や普通の人びとによるトークライブを見ることができる。そして、そのどれもが、マイクを持って舞台上を歩きまわり、観客の反応をたしかめながら陽気に話しつづけるという、あの数学芸人・森田真生によく似た演じ方をしているのです。

そこから想像するに、おそらく森田は大学をやめる前後に何度か滞在したアメリカでこの手のライブに接し、それに刺激されて「数学とは？」という出し物を思いついたのではなかろうか。そして、さらにさかのぼって推測するなら、この種のトークライブのみなもとは、以前からアメリカにあった「スタンダップ・コメディ」という「しゃべり芸」だったにちがいない。というのも、ピン芸人が舞台に立ったまま、マイク片手にどぎついギャグで聴衆を笑わせ、陽気にしゃべりまくるのは、まさしくスタンダップ・コメディに特有の演じ方、つまりその伝統的なスタイルだったのです。

このスタンダップ・コメディの世界から、遠くはボブ・ホープにはじまり、エディ・マーフィー、ウディ・アレン、トム・ハンクス、ロビン・ウィリアムズなど、多くの俳優やタレントが生まれた。

私の若いころでいうと、そうねえ、やはりレニー・ブルースかな。政治や宗教や人種差別はもとより、麻薬、貧困、同性愛など、反秩序的なきわどい即興ギャグを連発し、なんども逮捕されたあげく、一九六六年にモルヒネ中毒で死んだ破天荒な芸人。没年齢、わずか四十歳だった。

かれについては一九七七年に晶文社から『やつらを喋りたおせ!』という本を、藤本和子の翻訳でだしたことがある。そしてこの自伝をもとに、のちにボブ・フォッシーが『レニー・ブルース』という映画をつくり、ダスティン・ホフマンがレニーに扮した。冷え冷えとしたモノクロ映画でね。なかなかにおっかないいしろものでしたよ。

この「立ちっぱなしの笑芸」が、アメリカの芸能界でどれほど重要なジャンルなのかは、いまも多くの都市にスタンダップ・コメディの志望者があつまるキャバレーがあることからもわかる。さきにあげたプロの芸人や俳優たちもそこの小さなステージでデビューし、そこで育った。そして、さらに推測をかさねるなら、それとおなじ空気の中で生まれたシロウト芸が現在のトークライブで、さらにそこから森田真生の「数学とは?」という出し物が生まれることになった。たぶんそういうことだったのではないかと思います。

＊

森田も、みずから「人前で話すことを生きがいとして」という以上、一生とはいわずとも、できるだけ長い期間、かなり本気で「数学芸人」として生きてみようと考えていたのだろう。しかし現実にはそうならなかった。いうまでもなく二〇二〇年一月に突然はじまった新型コロナウイルス流行のせい。

そののち、『数学する身体』と並行して読んだ『僕たちはどう生きるか』（集英社、二〇二一年）という日記エッセイの序文でも、かれは「これまで国内外を忙《せわ》しなく旅しながら、数学にまつわるレクチャーやトークをすることを生きがいとしてきた。その僕がなぜ、にわかに京都の山の麓で生き物の世話に明け暮れているのか」としるしている。なにも「世捨て人になって、虫や植物と余生を過ごそうとしているのではない」のですよ、ともね。

ウイルスや気候がもたらしている現実は、僕たちに、これまでとは別の生き方を始めることを求めてきている。少なくとも人間がすべての頂点に立ち、全体を俯瞰《ふかん》しながら環境を

「正しく」支配し制御するという発想は、もはや機能不全をきたしている。かつての常識が根底から崩れ始めているいま、これからの時代を僕たちはどのように生きるか。（略）

舞台は、新型コロナウイルスの感染が日本でも急拡大を始めた二〇二〇年の春に遡る。全国各地を新幹線で飛び回りながら、庭に目をやる余裕もないほど忙しなく回転していたそれまでの日々が、ここで急停止する。息子の幼稚園も休園となり、にわかに自宅が幼稚園状態となった。

先行きはまったく見えない。しかし時間を止めることもできない。この不透明で不気味な時代を、僕たちはどう生きるのか。生きてみながら、考えるしかない。

コロナ流行下の緊急事態宣言で「数学芸人」の旅が断ち切られ、京都東山の麓にある自宅に閉じこもっての妻と二人の幼い息子との生活がはじまる。

そして「ねぇ、おうちも、おにわも、ぜーんぶようちえんにするのはどうかな⁉」という四歳の長男の提案で、小さな裏庭を開墾し、土づくり（土を耕し庭の落ち葉を混ぜる）から畑仕事をはじめることにした。「僕だってつい数週間前まで、まさか鍬を持って裏庭に立つなんて、思ってもいなかった」。なのに「彼ら（＝ウイルス）の増殖によって、これまでの僕の日常のリズムは、完全に崩されてしまったのである」というわけだ。

ただし、それまでトークライブという遊びをみずからの天職と考えていたように、どうやら森田は、たとえ自分と家族の遊びや作業からはじめようとも、すぐにそれをほかの人びととの、小さなグループにまで広げていきたくなる。そんな人でもあるようなのです。

自宅の裏庭の菜園化にとりかかったのが二〇二〇年四月で、その五か月のち、法然院の住職の好意で、お寺の隣りにある倒木や落ち葉で埋まった空き地を借り、そこを「人の手で生態系を拡張していく」という目標のもとに、近隣の子どもや大人に声をかけて、いっしょに「学び、教え、研究し、遊ぶ」空間にしていく活動をはじめた。

ところが、ご当人には「農業の経験」も「土壌の性質を見定める眼《め》」もない。そこで「植物観察家」という肩書きで各地で植物を観察する会を開催している鈴木純とか、瀬戸内海の直島で「協生農法」（化学肥料や農薬なしの土地で多様な植物を混生・密生させる）を試みている船橋真俊とか、クモやカニなどの小さな生き物とのつきあい方を教えてくれる動物行動学者の中田兼介とか、以前の旅や仕事で知りあった信頼する専門家たちを順次まねいて、その場で実地に教えてもらうことになる。

日々息子と鍬を持つ僕は、ウイルスたちに humiliate されている。目に見えない微小な粒子たちによって、僕の暮らしの目線は、これまでになく低く、大地へと接近している。

だがこれは、僕にとって「屈辱」ではない。ミミズやカラスノエンドウ、ダンゴムシや土中のバクテリアの存在を感じる日々に、僕は新しい喜びを発見している。人間との距離を保つ暮らしのなかで、僕は、人間でないものたちとの親密さを、少しずつ取り戻しているのだ。

ここにでてくる「humiliate」という語は、ティモシー・モートンというアメリカの哲学者・生態学者の『ヒューマンカインド――人間ならざるものとの連帯』（岩波書店）という本から森田が引いてきたもので、日本語でいえば「屈辱」とか「恥をかかせる」ことを意味する。つまり人類は、十六世紀にコペルニクスが唱えた地動説にはじまり、ダーウィンの進化論、フロイトの精神分析とつづく一連の発見によって、われわれ人類こそが世界の中心に立って、すべてのモノやコトを統御しているのだ、という「うぬぼれ」を徐々に剝ぎ取られていった。

そののち、マルクス、ハイデガー、ニーチェ、デリダとつづく「人類に屈辱を与える者たち」の系譜をひきつぎ、モートンは、そのリストの最先端に「人間でないもの、すなわち、気候や、放射性物質や、ウイルス」を位置づけてみせた。すなわち二十一世紀の現在、人間に手ひどい「恥」をかかせようとしているのは、このような「時間的、空間的に、人間のスケールを圧倒的に凌駕した『超絶的な対象《ハイパーオブジェクト》』」にほかならない、というのです。

＊

しかしその一方で、モートンによると、この語のもとになったラテン語には「大地へ低く降り立っていく」という意味もあり、そちらから見ると「謙虚」とか「謙虚な」という語の語源にもなるらしい。

だとすれば人間は、さらに下の大地へとみずからの位置を引き下げ、そこに「新しい存在の喜び」を発見することもできるはずなのだ。森田がさきの引用箇所で、いかにウイルスが人類に「屈辱を与え」ようとも、そのことで土中のミミズやカラスノエンドウに親しみを感じるようになったのは「僕にとって『屈辱』ではない」といってみせた。あれもまたそういう意味だったのだろう。

……彼〔モートン〕の環境哲学をめぐる著作全般に通じることだが、（略）深刻な主題を扱っているにもかかわらず、読んでいて暗い気持ちにさせられることがない。地球温暖化という不気味な現実を直視しながら、それでもなお、どうすれば人は喜びを感じて生きていけるか。ただ「生きのびる（survive）」だけでなく、どうすれば人はもっと「いきいき

(alive)」と生きることができるか。モートンは一貫して、この問いを追求しているのだ。

すなわち、否応なしに「現在に染みこんでくる［不透明で不気味な］未来」を正面に見据えながらも、それに押しつぶされることなく、どうすればそうした環境下でも「喜びを感じて〈いきいきと〉生きていけるか」――その術《すべ》を日々さぐることをやめない。そう決めて暮らすことこそが、いま森田（と同時にモートン）が考える「これまでとは別の生き方」、つまり宇宙規模での「屈辱」への対し方のようなのです。

――でもね、悲観的になるのを拒《こば》むのはいいが、それだと楽天的というか、ちょっと考え方がポジティヴすぎるんじゃないの。

そう感じる人も少なからずいるにちがいない。森田にしても、その程度のことは十分に意識していたはずなのです。そして、にもかかわらず、かれはこうした明るい抵抗のしかたをえらぶことにした。

そこで、またしても私の推測になるが、その点では、やはり幼い子どもたちの存在が大きかったんじゃないかな。

その証拠に、かれの書くものには、いつも幼い長男と二歳下の次男が元気に登場してくる。たとえば某日、谷川の水源をもとめて近所の人たちと大文字山に上《のぼ》った。そして、やっと火床《かしょう》（火を焚く場所）にたどりつくと「おとーさん、山が変身したね！」と長男が叫んだ。それを聞いて、森田は、四歳の息子が「大人に交じって、いつの間にかこんなに歩けるようになっていること」におどろかせられたという。

いやいや、じぶんの息子たちだけではないぞ。現に、二〇一九年にミシマ社からでた『数学の贈り物』というエッセイ集によると、その前年の春、森田は友人とその数学好きの息子（小学三年生）といっしょに、週に一度、「数学の問題を解く会」という集まりをはじめたらしい。すなわち、

――「子どもとは、私たちが未来に贈ることのできるメッセージである」といったマーシャル・マクルーハンに対して、個人用コンピュータ（パソコン）の生みの親ともいうべきアラン・ケイが「子どもとは未来そのものである」と応答していた。であるからには「子どもという未来を育んでいく活動に、ぼくたちはもっとカジュアルに参加してもいいのではなかろうか」

そう森田は考え、気がついたら、その三人で数学の勉強会をはじめていたというのです。

ただ、私はもうすぐあちらに行ってしまう老人だからさ。そう聞いても、「このさき地球の未来がどうなろうと、おれには関係ないよ」と平気で尻をまくりかねない。つまり森田のいう「かつての常識が根底から崩れ始めているいま」を八十四歳の老人として体験するのと、おなじ「いま」を四十歳前後の男女が生まれて間もない子どもといっしょに体験するのとは、まったく別の

ことなのです。

とはいえ、もし私に二歳や四歳の孫がいたとしたらどうか。

かならずや私も、森田やかれと同世代の親たちと同様に、大人になった孫が地球温暖化のさらにすすんだ未来を、ただ単に「生きのびる」だけでなく、そこで「いきいき」と暮らしていくことを願うにちがいない。そのためには、とにもかくにも、幼い子どもが「いま」を生きることの「喜び」を全身で感じ、なおかつ、その喜びを他人といっしょに保ちつづける力を身につけてほしい。たとえ孫がいない老人であっても、元気なときは、それなりにマジメにそう願っているのです。

＊

一年半ほどまえ、森田の『数学する身体』を文庫版ではじめて読んで感心した。でも、それについて語るのは「しばらくあとにまわす」と冒頭にしるし、ようやくその「あと」にたどりついたと思ったら、のこりのスペースがなくなっていた。しかたない。大急ぎで、これまで書いてきた話の決着をつけておくことにします。

——のちに『数学する身体』にまとまる文章が、当時は活字版だった『考える人』や『新潮』

などの雑誌にバラバラに掲載されたのが二〇一三年。そして、それらを大幅に加筆修正した上で単行本として刊行したのが二〇一五年で、文庫化は一八年――。

で、さきにも述べたごとく、それに先立つ二〇〇九年には「数学の演奏会」などの日本語版トークライブを、その四年後に英語版の「数学とは？」をはじめている。そしてコロナウイルスによる両者の中断が二〇二〇年だから、「数学とは？」という同一のテーマで、「書くこと」と「語ること」とが、おなじ時期に並行して行われていたことになる。

もちろん、たまたま、そうなったわけではないだろう。『数学する身体』の第二章冒頭に置かれた以下の一節を読むと、それには明確な理由があったことがわかる。

数学は身体的な営みであり、歴史を背負った営為である。（略）しかし、そのことが意識されることは、普通はあまりない。

たとえば「数学＝数式と計算」というイメージを持っている人は少なくない。実際、学校で教わる数学のほとんどが数式と計算なのだから無理もないが、数式と計算をことさら重視するのは一七―一九世紀の西欧数学に特有の傾向で、それ自体が必ずしも普遍的な考え方でないことは、あまり知られていない。すでに述べたように古代ギリシア人は幾何学的論証を重視して具体的な数値的計算を数学に持ち込もうとはしなかったし、あとで見るが現代数学も過度の計算に頼るよりも、抽象的な概念や論理を重視する方向に進んだ。

二十世紀日本の学校教育で育った人間の多く（私もそのひとり）は「数学」というと、ただちに「数式と計算」と考え、ついでに「数学なんて辛くて難しくてつまらない」と身を引いてしまう。

しかし「数式と計算」を極端に重視するのは、じつは十七世紀以降の「近代西欧数学」に特有の傾向にすぎない、と森田はいう。なにしろ、それ以前（古代・中世数学）も以後（二十世紀以降の現代数学）も、まったくそうではないのだから。

たとえば古代ギリシャには数式も計算もなかったので、当時の学者たちは、ピタゴラスもユークリッドも、三角や四角や円やＡＢＣのアルファベットからなる「図」によって思考していた。つまり幾何学ね。おまけに紙も鉛筆も黒板もチョークもなかったから、かんじんの「図」も、広場の砂に木の棒で描くしかなかった。

したがって「そこに描かれた図を前にして、彼らは誰かに語りかけるか、あるいは小声で、もしくは大きな声で、何かをブツブツしゃべりながら数学をしていた」と森田がいうごとく、いまなら「Ａ：Ｂ＝Ｃ：Ｄ」ですむところを、かれらは「ＡがＢに対するようにＣがＤに対する」という「話しことば」で表現し、こうして記憶され蓄積された多数の定型表現を使って思考し、それを他人に伝えなければならなかったのです。

──であるなら、「数学とはなにか？」を「数式と計算」抜きの「文字」によってしるし、その歴史を黒板や白墨なしの「話しことば」だけで語ってみせることもできるはずだ。

だからこそ森田は「数学は数だけの世界ではない。だからぼくは数学について数字なしで何日でもしゃべることができます」と広言し、実際にトークライブをつづけ、並行して『数学する身体』という数学史がらみの本を数式なしで書きあげた。そんな魅力的な作業を軽々とやってみせる知力とセンスと技術。いろいろあるけれども、どうやら私は、まずそのことに舌を巻いたようなのです。

6　騙しながら助けあう――小川さやか

一九八〇年代の半ば、香港にはじめて行ったとき、空港からホテルに向かうタクシーから、異様なまでに老朽化した巨大建造物が、いまや崩壊寸前といった感じで、よろよろ聳《そび》え立っているのが見えた。

そのとき、とっさに思い浮かべたのが『望郷』という戦前のフランス映画だった。一九三七年の公開（日本では三九年）というから、私が生まれる一年まえ。巨匠ジュリアン・デュヴィヴィエの監督作。といっても、いまの人にはピンとこないだろうが、私のような二十世紀人なら、ほとんどだれもが知っている懐かしい名画だったのです。

この映画で、ジャン・ギャバン扮する主人公ペペ・ル・モコが罪をおかし、パリを逃れて、当時はフランスの植民地だったアルジェリアの首都・アルジェにたどりつく。そこで隠れ住んだのが旧市街の「カスバ（城塞）」と呼ばれる無法地区だった。

そういえば、むかし藤圭子や青江三奈の歌っていた『カスバの女』という演歌があったっけ。そう、「ここは地の果てアルジェリア　どうせカスバの夜に咲く　酒場の女のうす情け」という例のやつね。いまとなっては、映画よりも、そちらを憶えている人のほうが多いかもしれない。いずれにせよ、そのカスバを連想させる魔窟的な空気が、いまさっきタクシーの窓越しに見かけた老朽ビルの周辺にうっすら立ちこめていた。一瞬、そんな気がしたのです。

――で、いそいで本題に入ると、この「香港カスバ」ともいうべき巨大建造物こそが、じつは、今回とりあげる小川さやかの『チョンキンマンションのボスは知っている――アングラ経済の人類学』（春秋社、二〇一九年）という本の舞台になったチョンキンマンション（重慶大厦）なのです。あの胡散臭い印象が見当ちがいでなかったことは、この本の三年まえに刊行された同じ著者の『「その日暮らし」の人類学』という光文社新書に、こんな記述があることからもわかる。


……繁華街に立地していながら、このビルの周辺だけ怪しげな雰囲気を漂わせている。エントランスの周囲には「ニセモノ、ヤスイヨ？」「ニセモノ、トケイ、サイフ、ドウデスカ？」と片言の日本語で話しかけてくるアフリカ系のディーラーがいる。エントランスをくぐると、携帯販売店や両替商、インド・パキスタン系レストラン、雑貨店などがあり、二階の一部に商業施設、二階・三階から一六階・一七階が安宿や長期滞在者用のアパートとなっている。

ただし、さきほどは「老朽化」とか「崩壊寸前」と書いたが、いまインターネットでしらべたら、この十六階・十七階建ての高層ビル五棟が完成したのが、なんと一九六一年なのです。つまり私がこの眼で見た、わずか二十五年ほどまえ。それにしては、やけに荒れはてて見えたけど、なぜかしらん。おそらく工事に尋常でない手抜きがあったか、よほど乱暴に住んだからなのだろうが……。

それでも、私が目にしてからさらに四半世紀後、二十一世紀にはいると大きな改築が何度かなされ、二〇一〇年代には正面入り口まわりの外装もつくりなおされて、香港一の繁華街ネイザン・ロード（彌敦道）にふさわしく、当世風のキラキラした眺めに一変してしまった。

ただし、そのことで怪しげな雰囲気が消えたかというと、さにあらず――。

むしろ改築がすすむにつれて、アフリカや中東や南アジアなど、世界の各地からやってくる零細な商売人や難民労働者の数が一気に増えてきた。もちろん観光客やバックパッカーや麻薬の密売人の数もね。そしてそれらの人びと向けの両替店、コインランドリー、民族料理店、雑貨屋、紳士服の仕立て屋、ＣＤやケータイの販売店などが急増し、その結果、二十一世紀版「香港カスバ」の密集的な空間が形成されることになった。

そしてその過程で、いくつもの国や地域の出身者たちの小集団が生まれる。その代表的なひとつがタンザニア人のコミュニティだった。そして二〇一六年、そこに明るく行動的なひとりの日本人女性が加わってくる。それが『チョンキンマンションのボスは知っている』の著者・小川さやかだったのです。

*

小川さんは一九七八年生まれの文化人類学者。京都大学大学院アジア・アフリカ地域研究研究科で学ぶ若い研究者として、二〇〇一年からタンザニア北西部の都市ムワンザを中心に、マチンガ（行商人や露天商などの零細商人）の研究をつづけてきた。そして、やがてその一環として、香港や中国本土でのタンザニア人たちの中古品のインフォーマルな交易活動に関心をいだくようになり、二〇一六年、香港中文大学の客員教授として香港にやってくる。

そして一週間ほどのち、同僚の教師（ドイツ人の人類学者）の案内で、チョンキンマンションのナイジェリア料理店にでかけた。狭い通路に置かれた椅子に坐ってビールを注文し、居合わせたナイジェリア人たちと大いに盛り上がっていたら、そこに「ツイードの背広にハンチング帽を被った中年のアフリカ系の男性」が通りかかった。ナイジェリア人のひとりが小川を紹介し、彼女がスワヒリ語で挨拶すると、そのオシャレな巨漢が「俺は、ミスター・カラマ。チョンキンマンションのボスだ」と名乗った。

……カラマは、「おおっ、本当にスワヒリ語で会話しているぜ」というナイジェリア人の冷やかしを「世界は広いからな。そういうアジア人もいるさ」とかわし、すぐに立ち去ってしまった。後にカラマは、「君が俺と最初に知り合ったのは類まれな幸運だった」と語ったが、いま振り返ってもその通りだったと思う。この日のカラマとの出会いを契機に、私は香港そして中国に居住するタンザニア人たちの商売や日々の仲間関係に巻き込まれていくことになったからだ。

カラマはアラブ系の父とアフリカ系の母から生まれたタンザニア人で、一九六八年生まれというから小川の十歳上。二〇〇〇年代の初頭、三十代の半ばに、タンザニアの鉱山で発掘された天然石の非公式の輸出業者として、はじめて香港にやってきた。

そののち、こんどは香港で仕入れた中古のケータイやスマホや冷蔵庫やテレビ、さらには主として中古自動車の輸出業者として成功する。つまりこの人物は、まぎれもなく、香港とタンザニア間の「草の根のインフォーマルな中古車ビジネス」の開拓者だったのです。

いやいや、タンザニアだけではない。コンゴ、ケニア、ナイジェリアなど、アフリカ諸国からやってきたディーラーたちを案内し、売り手の香港人との間に立って調整をはかる、腕のいいブローカーとしての評判がアフリカ各地に広がり、かれのスマホの「顧客者リスト」をびっしり埋めつくすまでになった。結果として、アフリカ人のみならず、チョンキンマンションに小店を構えるアジア人たちの相談にも乗り、そんな流れのなかで、異なる国の人びとの争いに仲裁人として担ぎだされたりとかね。いつしか、かれがみずからいう「チョンキンマンションのボス」になっていたのです。

ただし、さきの記述のかぎりでは、一見、颯爽としたジェントルマンと思えないでもないが、とんでもない。

二〇〇七年に娘が生まれてまもなく、カラマは滞在可能期間を延長するため、いったん中国（深圳？）に入り、そこから香港に戻ろうとして不法滞在者と判定され、タンザニアに強制送還されてしまった。それでも、ほどなく密入国を決意し、こんどは中国に密入国した上で、そこから難民や亡命者とまじって漁船で香港に潜り込もうと企《たくら》み、あえなく失敗する。それでも収容所に収監後、なんとか「嘘をついて」難民認定を受けることができた。ただし、いったん認定を受ければ香港からは一歩もでられなくなる。そのため、いまにいたるも電車や船で簡単に行ける中国やマカオにすら出国できずにいるというのです。

とはいうものの、この話がどこまで本当かはわからない。ただね、小川の解釈によると、この種の「本当と嘘」の区別のわかりにくさは、なにもカラマにかぎったことではないようなのです。たとえば、香港で暮らすタンザニア人たちは、仲よくなると、「どんなにいい人に見えても、だれも信用してはならない」と小声で忠告してくれるけど、

……しかし、そう忠告する彼らはいつも「俺／私以外は」といった顔をしている。また必ず「みんなに俺／私が教えたって言っちゃダメだよ」と耳打ちし、本人の前では「彼／彼女なら、信頼してもいい（略）」と涼しい顔をして話す。

長く香港で商売をしているタンザニア人たちは、どこで何が取引されているのか、誰がどんな犯罪に関わっているのか、特定の行動がどのような意味を持つものかを知っている、あるいはうすうす気づいている。だが、だからといって彼らとのつきあいをやめるわけではないし、距離を置いた表層的なつきあい方ばかりをしているわけでもない。特定の人びとが友人としてみせている一面においては、それはそれとして真剣につきあっている。


さきの「本当と嘘」と同様に、ここでの「信と不信」も「あれかこれか」の二元論的な対立で

はない。したがって、ある階層《レベル》で「彼／彼女」への不信の思いがあったとしても、別の階層での信頼までが消えてしまうわけではない。私たち日本人の目にどれほどいい加減に見えようとも、「友情」というレベルでの信頼は、じつはそんな性質のものなのかもしれないと、タンザニアの率直な友人たちにならって、そう小川はいうのです。

＊

かつて大学院生だった小川がタンザニアの零細商人《マチンガ》の調査をはじめたのは、そのころ研究者たちの間でしばしば言及されるようになった「インフォーマル経済（＝非公式経済・地下経済）」という概念に、つよい関心があったからだった。

ただし「インフォーマル経済」といっても、当時の研究では、アフリカ都市部の貧困問題や若者たちが抱える困難――そうした「おくれた国」の経済状況への「ゆたかな国」からの開発支援という方向で考える傾向がつよかった。でも「それらの研究の重要性に異議はまったくないが」と小川はつづける。もしそれだけだと、タンザニアの行商人や露天商を「偽装失業層・不安定就労層」といった型どおりの枠に押し込めてしまいかねない。でも路上の商人たちに「弟子入り」してみてわかった。いかに零細であろうとも、かれらはそれぞれに「ユニークな発想や知恵、経営哲学や思想、手腕」をもつ、れっきとした「起業家」なのである。

実際に、私の師匠たちは「お前はウジャンジャ（Ujanja）じゃない（賢さが足らん）」と時に呆れながら、「うまく騙すだけでなく、うまく騙されてあげるのが仲間のあいだで稼ぐうえでは肝要だ」「お前の騙し方は、バランスが悪い」など商売の鉄則を指南し、その独自の知恵と実践を通して「騙し騙されながら、助けあう」社会的世界を創出する方途をさまざまな方法で教えてくれた。

この互いに「信頼できない」者たちが「騙し騙されながら、助けあう」社会の小さな典型が、さきほど触れたタンザニア人コミュニティ——すなわちカラマを代表者として二〇一三年に発足した「タンザニア香港組合」なのです。

その四年まえ、香港に長期滞在していた一人のタンザニア人が病死した。しかし、かれの家族には遺体を輸送する金がない。そこでカラマたちは、香港と中国に住む同国人たちから寄付金をつのり、その金で、なんとか遺体を母国に送りもどすことができた。

それをきっかけに定期的な会合を持つようになり、やがてタンザニア香港組合という組織が発足する。最初は二十六人だった組合員もしだいに増加し、集会を週に一度、チョンキンマンション脇の路上や、その近くの尖東駅の庭園などで開くようになった。

小川もカラマに頼んで、そこに日本から来た研究者として参加させてもらった。でも最初に出席したときは相当びっくりしたみたい。そりゃそうでしょう。なにしろ野外なので机も椅子もない。それでも立ったまま、あるいは道端の石などに腰掛けて、いつものおしゃべりとおなじ調子で平然と会議をすすめていたというのですから。

そんな露天会議で、まず決まった活動の軸が以下の三つ――

①相互扶助――病気や事故での入院、死亡時の移送、強制送還、不測の事態の時など。
②情報交換――香港・中国・アフリカ諸国の政策転換など。
③対立の仲裁――ほかの香港在住の移民たちや夜のホスト業界などとの。

そのすべてに触れる余地はないので、いまは①についてだけ述べると、この組合結成をうながしたのが仲間の遺体輸送だったように、かれらの活動では、なによりもまず「組合員どうしの相互貢献・相互扶助、すなわち『互酬性』を基盤として動く」ことになる。

でも、なにしろ「主として難民や亡命者、不法滞在者、売春婦たち、少なからず脛に傷のあるものたちで構成される組合」なのでね。当人の違法行為から生じた事態のすべてを、「困ったときはお互いさま」という互酬的なやり方で処理するわけにはいかない。したがって会議では、どこまでが「自己責任」で、どこからが「互酬」の範囲に入るのかを、そのつど検討し、でも最後は「いろいろな事情があるんだから、細かいことをいうのはやめようぜ」という結論に落ちつく。それがいつものことらしいのです。

とすると、それはなぜか？

まず第一に、かれらは他人の事情（ビジネスやその他の行為）のすべてを知ることはできない、むしろ「知りたくない」と考えているので、問題の事態が「自己責任」かどうかを判断することは、きわめてむずかしい。

第二に、かれらには、他人の行為を「努力が足りない」「考えが甘い」「優しさが足りない」といった人物評価と結びつけて考える慣習がない。それよりも、だれもが「置かれた状況に応じて良い方向にも悪い方向にも豹変」しかねないのだから、「責任を帰す一貫した不変の自己などない」と、暗黙のうちに認めているように見える。

そして第三に、メンバーの多くがアジアやアフリカ諸国を流動的に行き来しているので、かれらの間の「互酬性」を厳密に「考慮／計算」することすらむずかしい。

──以上の三つをまとめていうと、かれらの組合では、「助けあう人間を区別・評価する基準」や「助けあいの基準」を明確にすることを、最初から投げてしまっているらしい。それよりも、きびしい基準やルールで「無理やストレスを強いること」を互いに回避する。そちらのほうを裏ルールにしているようなのです。

＊

では、どうすれば「ストレスを回避して互酬性を達成する」などという軽業ができるのだろう。

「ありていに言うと、『適当』にやっているから」と小川は断じる。

適当というか、彼女の観察によると、かれらの「助けあい《シェア》」の大部分は「ついで」で回っているらしい。組合もそう。かれらは互いの義務や責任を問わず、そのつど、それぞれが「ついで」にできることをやるという「気軽な助けあい」——いいかえれば「開かれた互酬性」を基盤に、組合の内や外に増殖拡大するネットワークを維持している。

たとえば、さきに述べた遺体移送の場合でいうと、

> ……その時に偶然に中国から香港へ来た人が連絡係や寄付金の配達をする。仕入れを終えて母国に帰国する人が香港・中国から寄付金やテントを運ぶ。この「ついで」の連携は、遺体搬送に限ったことではない。香港に難民として居住するタンザニア人は、母国に残してき

た家族への贈物を偶然帰国する交易人に託して「ついで」に届けてもらう。資金がなくて香港に渡航できない者は、スーツケースのスペースに空きがある分だけ交易人に自分の商品も「ついで」に仕入れてきてもらう。誰もが「無理なくやっている」という態度を押し出しているので、この助けあいでは、助けられた側に過度な負い目が発生しないのである。

つまり「なにかあったら誰かがついでに助けてくれる」というかれらの信念は、「同胞に対して親切にすべきだ」という倫理的な期待ではなく、スマホやSNSなどの人々とのネットワークを使って、じぶんが困ったときに役立つであろう多くの知人を前もって確保しておくという、ギブ・アンド・テイクの論理に支えられているようなのです。

もちろんカラマも例外ではない。ときどき友人と衣服のセレクトショップにでかけ、最新のブランド品を試着してスマホで友人に撮影してもらう。そのあと店員に「ホテルにクレジットカードを忘れた」などといいわけして、なにも買わずに帰ってくる。で、その撮ったばかりの写真をインターネットのTRUSTに投稿しておくと、それを見たアフリカ諸国の顧客が、かれをセンスのいい裕福なブローカーだと勘ちがいして、ときに商品輸出を依頼してくれたりする。あるいはイベントやパーティで遊んでいる写真をこまめに投稿して、「イケるセレブ」の印象をつくるとかね。

──とまとめてはみたものの、じつをいうと私（＝津野）は、二〇〇五年に『季刊・本とコンピュータ』という雑誌の終刊号をだして以降、故《ゆえ》あって、というのも大仰すぎるが、とにかく、これからはインターネット世界の慌ただしい変貌とはできるだけ無縁に暮らしていこう、と決めてしまった。したがってTRUSTについても、私はなにひとつ知らない。おそらくそういう共有空間がネット上にできているのだろうな。そう推測して先にすすませてもらうと──。

どうやら、このTRUSTに加わると、複数のブローカーのネットワークをひとつにつないだ「情報のコモンズ」から、どんな売り手や買い手がいて、どんな商品をどの程度の値段で扱っているか、といった内輪の情報を簡単に入手できるようなのです。スマホで気楽に代金を支払い、仮に不履行が生じても、さまざまなやり方で作業をスムーズにすすめることができるのだとかね。

つまりTRUSTは、その名のとおり、「香港ブローカー全体に対する『漠然とした不信感』を担保しながら、そのつど特定の誰かに関する『偶発的で一時的な信用』を立ち上げる」しくみになっているらしい。

ただし「メルカリ」や「ヤフオク」のようなフォーマルなオークションサイトとちがって、ここでは、タンザニア人好みの「誰もが信用できるし誰も信用できない世界・人間感」が、どこまでも保証される。そして、その「不信」と「信頼」の微妙なバランスは、ネット上で、さまざまな雑情報（たとえば「カラマたちが『私』と撮りたがる記念写真」など）と連動しながら、日々、つくりかえされている。そこが眼目だというのですね。

ここでいう「私」とは、いうまでもなく、日本人の女性研究者・小川さやかを指す。つまり、このインターネットに媒介された社会関係のうちには「私」も含まれている、と小川はいうのです。

＊

カラマが私と撮影した日々の写真や動画は、アフリカ諸国の顧客に私が彼の現地妻や婚約者、あるいは恋人であると印象づける役割を果たしている。香港のアフリカ人にとって現地妻を得ることは、彼の滞在や経済活動が合法的で発展可能性に開かれたものであるという根拠の一つになる。（略）カラマ以外のタンザニア人と肩や腕を組んだ写真を撮影しているので、貞淑な女性ではないとみなされている可能性も高い。私が香港人の妻や恋人でないことがばれても、見せ方によってはスワヒリ語が話せるアジア人と親しくしていること自体に将来的なビジネスチャンスを嗅ぎ取らせることもできる――私は、彼らから様々な情報を得ているので、私が彼らの商売に少しでも役に立っているならば、本望である。

正直いって、『チョンキンマンションのボスは知っている』という本を半分ほど読んだところで、この記述に接し私は「オイオイ、大丈夫かよ」と思った。

というのも、「香港・中国におけるタンザニア人の零細ビジネス」研究のため、しばしば小川は助手を兼ねる観察者として、ボスの仕事についてまわり、かれと親しくつきあうことになった。そんななかで二人の男女関係はどうなるのだろう。バカな老人は読みながら、ついそう心配してしまったのです。なにしろカラマはムスリムだから、妻を四人まで娶《めと》ることができる。現に、インドネシア人の妻に娘が一人と、タンザニアにも妻と二人の息子がいるらしい。噂によると、ほかにも子どもが何人かいるのだとか。

でも、あらためて考えれば、これは明らかに「書く人」としての小川さんの戦略、もっといえば朗《ほが》らかな遊びだったのだろう。

その証拠に、この本には、カラマと著者との「男女関係」についての記述が、ほかにもいくつかでてくる。たとえば「カラマは危険でない限り、私が誰と仲良くしても誰と遊びにいっても文句を言わない」とか、「そういった場合でも彼〔カラマ〕の中では、私は彼の友人＝客であるといった理解が維持されている」とかね。しかも、彼女と仲よく遊びに行った「他のタンザニア人」たちまでが、「君に悪さを働く者はいない」といい、その根拠として「カラマにぶっ殺される」「カラマに申し訳ない」と語っていたりする。

それにしても、この著者は実際にどんな人なのだろう。そう思ってYouTubeでさがしたら、対談や座談会など、いくつかの動画がみつかった。

――ふーん、こういう人だったのか。

つまりね、小川さやかさんは、ふっくらした笑顔の、私の予想をはるかに超えて明るい人だったのですよ。そのほがらで開放的な笑いに接し、海千山千のタンザニア商人たちが心を開いた理由がよくわかった。「君が俺と最初に知り合ったのは類まれな幸運だった」とカラマはいったらしいけど、でも小川さんだけではないな。カラマの側にとっても、彼女との出会いは「類まれな幸運」だったにちがいないのです。

それにしても、こんな人が私の時代の大学人にいたろうか。男女ともに「いた」とはとても思えない。長い時間がたち、ようやく時代が根っこのところで変わりはじめた。つまりはそういうことなのでしょうな。

7　バカの壁の外へ――千葉雅也

本書の第二章で、かならずや「もうじき死ぬ」であろう私の「最後のお祭り読書」の対象として、私より四十歳ほど若い六人の研究者の著書のうち、私が最初に読んだ本の書名をひとまとめに並べてみた。その五冊目として挙げたのが、千葉雅也の『勉強の哲学――来たるべきバカのために』（文藝春秋、二〇一七年）だったのです。

でも、この選択はどうやらまちがいだったらしい。いや、読みはじめたのは事実なのですよ。でもいったんやめ、気を入れて読むのを先のばしにしてしまった。

のばした理由のひとつは、この本を執筆時の、まだ四十歳になっていなかった千葉が、かれのあとから来るであろう人びと――たとえば大学の教え子や若い卒業生たちに向けて、じかに語りかける口調で書かれていたこと。

だとすれば私のような八十歳を越えた老人はどうなるのか。とうぜん読者のうちには入れてもらえないでしょうな。なにしろ、「ノリとは、環境のコードにノってしまっていることである」などと軽快に語られても、老いた私には、その「ノリ」という語や語り口の面白さを、リズムよく、じぶんのものとする能力が、まったくといっていいほど欠けているのだから。

それともうひとつ。この本を書店で見かけたとき、「来たるべきバカのために」というサブタイトルに、いくばくかの違和感をおぼえた。そこで気づいたのが、「馬鹿」でも「莫迦」でもない片仮名の「バカ」には、すでに養老孟司の『バカの壁』（新潮新書、二〇〇三年）という先例があったということ。

この挑発的なタイトルについて、養老は、じぶんのうちに「知りたくないことについては自主的に情報を遮断してしまっている」無意識の働きがあり、その働きこそが「バカの壁」なのだと定義している。ただし、タイトルを一瞥しただけでは、そこまでは読みとれない。そのため「バカの壁」を、じぶんの外にあって、じぶんの往く手を阻んでいる「バカなやつ＝壁」と錯覚した者もかなりいたようだ。読むまえは私も、どちらかといえば、そちらの側だったような気がしないでもない。

そして千葉の「来たるべきバカ」の「バカ」もまた外よりも内——つまり若いころ、難解な哲学書を楽々と読んでいるふりをしていた「往年のじぶんというバカ」をさしている。その千葉版

「バカの壁」が長い「勉強」の時間をへて崩れ、これらの哲学書をアタマだけでなくカラダでも、つまりは日々の暮らしのなかで「身体的」に読みこなせるようになった。そして、その「過ぎ去ったバカ」の時期を思いだした千葉が、あとから来る「バカ」たちに向けて書いた救済の書。どうやらそれがこの本であるようなのです。

ただし養老も千葉も東大出の秀才なので、その名うての秀才が「じぶんの内なるバカ」について率直に語るのと、たとえば私大出の鈍才（たとえば私）がおなじことをやるのとでは、どうしても、ちがう感じになってしまう。後者に比べると、前者の「バカ」には知的（ときに権威主義的）なゆとりがある。そして、そのゆとりと挑発的なタイトルの組みあわせが、読者をして、この「バカ」とはじつはおいらのことなのではないかと感じさせ、その陰性の刺激によって本を買う。もしくは強引に買わされてしまう。著者はともかく、出版する編集者はたぶんそう考えていたのだろうな。と元編集者であった私は、ついそう考えてしまうのです。

ついでに思いだしたが、この種の「ん、どういう意味？」と読者を迷走させるたぐいの厄介なタイトルには、もうひとつ、赤瀬川原平の『老人力』（筑摩書房、一九九八年）という先例があった。

この本の読者は主として老人や老人になりかけの人たち。したがって、その多くは「私だってまだまだやれるぞ」と希望的に考え、おそらくその線上で「老人力」の「力」という語を理解していたのではなかろうか。だけど赤瀬川とその一党（路上観察学会＝南伸坊、藤森照信、松田哲夫たち）は、ちがうのね。かれらは、はじめて体験する老化の諸現象を嘆いたり、ないふりをするのではなく、逆に、それを茶化して楽しんでしまおうとたくらんだ。

歳をとって物忘れがだんだん増えてくるのは、自分にとっては未知の新しい領域に踏み込んでいくわけで、けっこう盛り上がるものがある。

宇宙船で人生に突入し、幼年域―少年域―青年域、と何とか通過しながら、中年域からいよいよ老年域にさしかかる。そうするといままでに体験されなかった「老人力」というのが身についてくるのだった。

それがしだいにパワーアップしてくる。がんがん老人力がついてきて、目の前にどんどん「物忘れ」があらわれてくる。

こう引用してみてわかった。私の独創とばかり思っていた「もうじき死ぬ人」プロジェクトも、じつは、みずからのボケを笑ってポジティヴ化する「老人力」の発見を、いくらか形を変えて引き継いだにすぎないらしいや。

その赤瀬川さんも二〇一四年に七十七歳でなくなった。おそまきながら、いまはなき赤瀬川さんと、ほどなくそのあとを追うであろう路上観察学会の諸氏に、おなじ時代を生きた「もうじき死ぬ人」の一員として深々と感謝します。ただし、もちろん大笑いしながらね。

＊

とまあ、そんなしだいで、はじめて本気で読む千葉雅也の本は先にあげた『勉強の哲学』ではなく、その五年後、二〇二二年に刊行された『現代思想入門』という講談社現代新書に代えさせてもらうことにした。

その新書の冒頭で千葉は、ここでいうところの「現代思想」とは「一九六〇年代から九〇年代を中心に、主にフランスで展開された『ポスト構造主義』の哲学」をさし、ジャック・デリダ、ジル・ドゥルーズ、ミシェル・フーコーという「三つ巴」をざっくり押さえれば、それで「現代思想のイメージがつかめる！　それが本書の方針です」と述べ、さらに、いま現代思想を学んで「どんなメリットがあるのか？」とたたみかける。

現代思想は、秩序を強化する動きへの警戒心を持ち、秩序からズレるもの、すなわち「差異」に注目する。それが今、人生の多様性を守るために必要だと思うのです。

人間は歴史的に、社会および自分自身を秩序化し、ノイズを排除して、純粋で正しいものを目指していくという道を歩んできました。そのなかで、二〇世紀の思想の特徴は、排除される余計なものをクリエイティブなものとして肯定したことです。

しかるに、いまの社会では「秩序から外れるもの、だらしないもの、逸脱を取り締まって、ルール通りにキレイに社会が動くようにしたい」という、当今の企業人がいう「コンプライアンス」なるものを、個人生活の中でも、つよく意識させられるようになっている。そのため人びとの日常までが「何かと文句を言われないようにビクビクする生き方」になってきた。つまりそれが千葉のいう「単純化」なのですね。この場合、「必ずしもルールに収まらないコース、ルールの境界線が問題になるような難しいコース」は、しばしば自動的に無視されてしまう。そんな扱いを拒むのが「差異」を重視する現代思想だというのです。

現代思想を学ぶと、複雑なことを単純化しないで考えられるようになります。単純化できない現実の難しさを、以前より「高い解像度」で捉えられるようになるでしょう。

ただし、おなじく「高い解像度」といっても、プロとアマ、つまり哲学者や哲学研究者と知的な関心をもつ通常の生活者とでは、必要とする解像度のレベルがちがう。

そのことを無視し、もしくは軽視して、それゆえに記録的なベストセラーになったのが、一九八三年に出版された浅田彰の『構造と力』（勁草書房）だった。千葉の『現代思想入門』をその現代版という人もいる。でも私はちがうと思うな。その証拠に、私は『構造と力』を読むのを途中でやめた。なにしろ、わからない箇所（千葉のいう「解けない暗号文」みたいな）が、あまりにも多すぎたのです。

それに対して『現代思想入門』は予想していた以上に開放的な気分で読み終えることができた。その意味では、かつて内田樹が「説明衝動」と評したおなじ東大卒の橋本治の説明欲――「物を知っている人間」がもつ「物を知らない人間」への「やさしさ」に近い。つまり千葉は浅田よりも橋本タイプの「親切な人」なのだと思う。かれの「勉強」という堅苦しい語の軽快な使い方にしてもそう。

＊

ドゥルーズの哲学では「同一性」と「差異」とが、互いに相容れない二項対立の関係に置かれる。千葉によると、この場合、「同一性」は「秩序を強化する動き」を、「差異」は「秩序からズレるもの」を意味し、したがって「ひとつの定まった状態ではなく、ズレや変化が大事だと考えるのが現代思想の大方針」ということになる。白でも黒でもない「グレーゾーンにこそ人生のリアリティがある」のだとも。

ここまでやさしく説明してもらえれば、私の若年期にも、これに通じる「現代」があったことに気づく。

たとえば、この「二項対立の脱構築」という定義に接して、私は大戦末期の日本で花田清輝が構想していた「二つの中心を持つ楕円」のイメージを思いだした。「一点を黙殺し、他の一点を中心として颯爽と円を描く」よりも、「矛盾しているにも拘らず調和している、〔二つの中心を持つ〕楕円の複雑な調和のほうが、我々にとっては、いっそう、うつくしい筈ではなかろうか」という「楕円幻想」(『復興期の精神』一九四六年)の一節――。

戦後、この楕円幻想は「前近代を否定的媒体として近代を超える」という主張に転じて花田たちの芸術運動(記録芸術運動などの建築にはじまる一九八〇年代のポストモダン運動の先駆)をささえた。ほかにも鶴見俊輔の「マチガイ主義」(『アメリカ哲学』)や、堀田善衛の「第三の道」(『広場の孤独』)など、「二項対立の脱構築」に通じる思想的な試みは、この時期にも、さまざまなかたちで存在していたのです。おかげで、この時期に十年ほど遅れて大学にはいった私も、かれらの試みから、じぶんなりに「秩序からズレる」しかたを学ぶことになった。

また「差異＝秩序からのズレ」という点では、大戦後、日本をふくむ世界各地の演劇界に広まったドイツの劇作・演出家、ベルトルト・ブレヒトの「異化」の演劇論も同様――。

この論で、ブレヒトはアリストテレスの「悲劇論」以来の「感情移入＝同化」を重視する伝統的演劇の「秩序」を排し、感情移入に頼らないドライな「異化」の演劇を提唱した。そこでは「それまで当然と目されていたこと」をひっくり返し、「それは当然ではない」とあばいてみせる「異化」のテクニックが縦横に発揮される。つまり「同一性と差異」では「差異＝ズレ」が大事という「現代哲学の大方針」と同様に、「同化と異化」の二項対立では「異化＝ズレ＝差異」を大切と考えるのが、ブレヒト演劇の「大方針」だったのです。

かれの演劇では、『肝っ玉おっ母とその子供たち』でも『セチュアンの善人』でも『ガリレオの生涯』でも、あれかこれかの選択を迫られた主人公が最後になんらかの決断を強いられる。そこに追い込まれる過程は明快かつ叙事的なしかた（しばしば歌入り）で示すが、かれらの決断をどう判断するかは観客や読者にゆだねる。つまり観客の感情移入をさそう演劇でこそないが、それなりによくできた、きわめて人間的な作品なのです。それこそ千葉が「グレーゾーンにこそ人生のリアリティがある」というようにね。

＊

この『現代思想入門』が二〇二三年の「新書大賞」を受賞した。そのことを思いだし、つい先日、近所の図書館に行って、『中央公論』三月号に掲載された「学術を身体的に咀嚼し、社会と繋ぐ」という千葉の受賞談話をみつけた。すでに述べたこととも重なるが、その一部をここで引用しておくと、まずは「発売当初から〔インターネットでも〕反響が大きく」などとあって、

……上滑りしている知識ではなく身体的で、具体的にかみ砕いて説明しているというふうに評していただくこともあり、嬉しいです。私が哲学書をちゃんと読み始めたのが18歳ぐらいからだとして、そこから25年ほど続けてきたわけですよ。（略）

その経験の中で、自分なりにいわゆる「腹落ち」する読み方ができるようになってきた。その理解を率直に伝えようとしています。形式主義は控えめにして、自分がこの間、理解したと思えることを書くように努めたのです。

そしてまた「本書は、入門書であると同時に、（略）日本語で唯一の研究書だと自負していま

す」とあるように、千葉とかぎらず、いまや、かれの世代の多くの研究者たちにとっても、日々の暮らしの中で「身体化で、具体的にかみ砕いて」「腹落ち」することばで思考すること自体が、新しい課題になっているらしい。

いいかえると、旧来の大学制度が行きづまるなか、学問の諸領域で、「このままでは未来がない」と思いさだめた若い研究者たちが、学内外を大胆に往来し、なまの「身体性」や「具体性」を切り捨てない新しい学問の可能性をさぐる動きがめだつようになった。なんどもいうようだが、ここで「若い」というのは私から見てという意味です。だいたいは三十歳代から四十歳代の、私から見れば息子や娘よりも、もしかしたら孫の世代に近い人たち。かれらに共通するのは、私たち以前はもとより、私の時代の大学知識人たちにも付きまとっていた強烈なエリート臭がうすく、そのかわりに「街を行き交う人たち」と対話する柔軟な力を、ごく当然のこととして身につけていること。

たとえば『目の見えない人は世界をどう見ているのか』や『記憶する体』の著者・伊藤亜紗の場合もそう。まずは研究対象となる障害者一人ひとりの体の「他には代えがたい固有性」がどうかたちづくられてきたかを解明する。そしてかれらの「無言の経験の集積」を、障害を持たないじぶんの知覚によって記録し、それをまるごと読む者に伝えたい。でも、はたしてこの作業を従来の論文作法でやりおおせるだろうか。むずかしいと伊藤は考えた。そこで思いついたのが「小説」の力だったのです。

哲学にせよ認知科学にせよ生理学にせよ、科学であるかぎり、普遍性のある合理的な記述を目指します。「目の見えない人の研究」や「吃音のある人の研究」はできても、具体的な「○○さんの研究」は、よっぽど特権的な例でないかぎり学問にならないのです。(略)けれども、身体の研究として、それだけでは何だか半分な気がする。小説になるギリギリ手前で踏ん張りながら、その体をその体たらしめているパターンのようなものについて、あの「固有性の圧倒」について、科学として扱うことができないものか……。そんなもやもやをずっと感じていました。(『記憶する体』)

もちろん研究者であるのをやめ、小説家やノンフィクション作家になるわけではない。研究者としてのじぶんが何度となく体験した障害者の「固有性の圧倒」から出発し、その体験をノイズとして切り捨てずにすむ方向での抽象化をめざす。そういう道もあるのではないか。でも、ないかもしれない——といった「もやもや」の手さぐりから生まれたのが、この「固有性=記憶する体」という仮説だった。おそらくそういうことだったのでしょう。

そして、それはまた理学部数学科で学びながらも、卒業後は数学の「作曲家」ではなく、その

「演奏家＝数学芸人」として生きる道をえらんだ森田真生の『数学する身体』に共通する姿勢でもある。斎藤幸平や小川さやか、もちろん千葉雅也ともね。本も読むが、それぞれに固有のやり方で、じつによく動く。のみならず、東大や京大で専門教育を受けた「物を知っている人間」でありながら、なおかつ「物を知らない人間」への「やさしさ」も捨てない。

――ここにいたって、この国の知識人の気風がやっと変わりはじめたみたい。そう私には感じられるのだが、いかがなものですかな――と、若い方々はともあれ、まずは長い戦後をともに生きてきた同輩のご老人諸氏にそうたずねてみたい。その上で、とうに過ぎ去った「私たちの時代」を再考してみる。そういう楽しみ方もあるんじゃないかしら。

8 「私」がいる文章の方へ――藤原辰史

もしかしたら最後になるかもしれない「お祭り読書」という設定で、以上、五人の方々の著作について書かせてもらった。

わざわざ「もらった」などというのは、私の書いたものが批評や感想や解説ではないから。たまたま同時期に接したかれらの本が、そろって、私という「もうじき死ぬ人」を思いがけない発見にみちびいてくれた。そのことにおどろき、なぜそうなったかを自分なりに考えてみる。つまるところ、これは私の個人的な勉強ノートのようなものなのです。

ともあれ思いがけない発見がいくつもあった。そのひとつがはじめに触れた伊藤亜紗の、――一人ひとりの障害者の固有性をノイズとして切り捨てずにすむ方向での学問も可能なのではないか。

という展望に沿うかたちで、いま、この国の現役研究者たちの気風が変わりつつあるらしい、という発見です。

もっというと、近年の大学知識人たちの大学内外でのふるまい方が、旧来のそれと変化しはじめたように思える。「旧来の」というのは、敗戦の年に小学校にはいった私の世代（いわば純粋戦後派）から、それに直接つづく団塊世代、さらには八〇年代初頭のニューアカ世代あたりの人たちまで、といった意味ね。

これら戦後期、いいかえれば私の生きた昭和後期に育った大学知識人、とりわけ東大卒の諸氏の社会的な所作には、戦前ほどではないにせよ、依然として、帝国大学時代からつづくエリート臭といったものがつきまとっていた。いや、それどころではないか。じぶんの額《ひたい》に知的上層階層の公認ハンコを押した人間の発する、なんとなくえらそうな感じ。そんな感じがさらにその先、二十一世紀になっても完全には消えずにいたのですから。

ところがね、この六人の方々からは、全員が東大か京大の出身というのに、そのたぐいの臭みが漂ってこないのです。たとえばそのひとり、小川さやかの場合でいうと、二〇一四年から二〇一五年に『小説宝石』に連載し、その翌年に刊行した『「その日暮らし」の人類学』という光文社新書の「あとがき」で、こんなふうにしるしていた。

……連載原稿を書くのは初めてであり、それを新書にまとめるのも新しい経験だった。わたし自身としてはつながった話を書いているつもりだったが、連載を見返してみると、各回の連続性がよくわからないところも多かった。またどうしても学術論文の癖が抜けず、なかなか堅苦しい表現を直すのに苦悩した。そんなこんなで連載が終わって新書にまとめる段になっても、〆切を延ばしてしまった。

読んでいて、やはり、ちょっとおどろきましたよ。

なにしろ京大(大学院)出の立命館大学の先生が、『小説宝石』のような大衆小説雑誌に平然と連載することからしてそうなのだが、そんな副業のために、正業の「学術論文の癖が抜けず、苦悩した」と率直に嘆くなんてね。

かつて東大法学部の丸山眞男教授は、たとえ岩波書店の『世界』といった権威ある総合雑誌であろうとも、そこに寄稿した時事評論などは「学術論文」の一段下のランクのものと見なされる、といった意味のことをどこかで語っていた。遠い昔の話だから断言はできないが、もしもその記憶が正しくて、小川さんがかれの助手かなにかだったら、たちまち研究室を追放されてしまったんじゃないかな。

なのに小川さんは、その当時であればゲテモノ扱いされかねない本——つまり『チョンキンマンションのボスは知っている』で、すでに河合隼雄学芸賞と大宅壮一ノンフィクション賞をダブル受賞している。

そういえば伊藤亜紗の『記憶する体』もサントリー学芸賞だったし、森田真生の『数学する身体』は小林秀雄賞。斎藤幸平は『人新世の「資本論」』で新書大賞。そして千葉雅也『現代思想入門』もおなじ新書大賞だった。このことからもわかるように、かれらだけでなく、気がつくと、いつのまにか時代そのものが持つ学問の気風がガラリと変わっていた。やはり、そう考えるべきなのでしょうな。

*

すなわち、二十一世紀にはいって、書斎や研究室で本を読むだけでなく、生活の場で、じぶんの心身を柔軟に使って考える研究者が増えてきた。

伊藤亜紗の場合でいうと、前章でも触れたように、障害のある人たちの「無言の経験の集積」(『記憶する体』)とじかにつきあい、その体験をいきいきと記録するには、従来の論文作法だけでは足りないと考え、小説の力に頼ることにした。つまり「小説の技法」を積極的に採用しながらも、「小説になるギリギリ手前で〈それでもまだ学問であるように〉踏ん張る」というやり方ですね。

そして小川さやかも、「学術論文とは違うエッセイとして好きなことを書く」という方向をえらんだ。いい加減だけど、おしゃれで腕のいい「ボス」のカラマを中心に、香港でのタンザニア人グループのインフォーマルな零細ビジネスの仕組みを、「私」の明るい語りによって、いわば身体的に読者に伝えていく。となると、エッセイというよりは、やはり小説に近い。いや大宅賞だから、ノンフィクション小説といったほうがいいか――。

とはいうものの、もちろん、すべての研究者が「学術論文の癖」が抜けずに「苦悩」しているわけではない。体ごと動きながら考える研究者のなかにも、そうでない人はいくらもいる。たとえば京都大学人文科学研究所の准教授で、農業史研究の藤原辰史《ふじはらたつし》が、二〇二二年にだした『歴史の屑拾い』（講談社）という本で、こんなふうに書いていた。学生時代、かれのゼミの指導教員は「文学研究者」だったが、そのおかげで、

〔論文では〕まず徹底的に事実をきちんとおさえること、年表を書いて、事実の順序を間違いないようにすることを叩き込まれたし、叙述もできるだけ書き手が「透明」であるように、読者が読んで書き手の自意識につまずかないように書く方法を学んだ。

他方で、ゼミでは文学作品を多く読んだ。そして、論文がしばしば無味乾燥になりがちな

のを避けるために、文学の書法を学んだ。

そんな中で、論文の書法に文学にはない可能性を感じた。歴史論文と文学作品では客観的な事実に立脚する手続きが全く異なるからこそ、歴史学の「史料批判をし普遍的に納得できる論理を探る」という縛りを「型」として離さないようにした。（略）ちょうど古典芸能の世界のように、型を身につける厳しい訓練の先に、型や縛りそのものが放つ魅力をとらえることができるのではないか。（改行は津野）

藤原は一九七六年生まれだから、七八年生まれの小川や千葉の二歳上。したがってかれらとは同世代なのだが、なぜか私は、つい最近まで、二人より十歳ぐらい上の人（つまり一九六五年生まれのブレイディみかこの世代）と思っていた。かれが『ナチスのキッチン』（水声社）で河合隼雄学芸賞を受けたのが二〇一三年だから、ほかの五人の受賞のいくらかまえ。もしかしたら、それゆえの錯覚だったのかもしれない。

でも昨年になってそのことに気づき、いそいで五人を六人に増やすことにした。ところが、『ナチスのキッチン』とか『稲の大東亜共栄圏』（吉川弘文館）とか『分解の哲学』（青土社）とか、以前ならすぐに手にしていたであろう本が、すでに何点もあるのです。どれも魅力的なのだが、八十四歳のボケ老人が一気に読むには、いささか手に余る。それやこれや躊躇しているうちに、いつのまにか連載がはじまってしまった。

それでも、とりあえず読みやすいものから読んでおこうと、『ナチスのキッチン』のような分厚い本ではなく、これまた何点かあるかれのエッセイ本をポツポツ読みはじめた。その一冊が『歴史の屑拾い』で、そこに上記の記述――「論文がしばしば無味乾燥になりがちなのを避けるために、文学の書法を学んだ」という一行があったのです。

＊

この引用からもわかるように、藤原辰史の「文学の書法」の学び方は、伊藤亜紗や小川さやかの、学術論文という枷《かせ》から「小説の技法」によって解放される、という学び方とはちがう。伊藤や小川は学術論文の「型や縛り」を頑丈すぎる枷と感じたが、藤原の側はそれを「古典芸能」の艶《つや》の源泉として積極的にとらえている。その上で、「型や縛り」という伝統の、伝統であるがゆえに「無味乾燥になりがち」な傾向を、「文学の書法」という刺激によって調整しようと考えた。そういうちがいね。

ただし、このちがいは、かれらの気質や性格のちがいではない。そうではなく、おなじく学問といっても、それぞれの学問の性質がちがう。つまり生物学から美学に転じた伊藤や文化人類学の小川とは異なり、藤原の専門は歴史（農業史）研究なのです。

伊藤や小川の場合、かれらが研究者として対するのは、障害のある人たちであれ、タンザニアの零細商人たちであれ、いま現に生きている人間たちなのだ。その人びとの活動を統計や抽象的な概念によってだけでなく、かれらの日々の暮らしぶりを一人ひとり微細に観察し、いきいきと記録しておきたい。となると、やはり普遍と客観に徹する「学術論文の書法」だけでは足りない。どうしても多彩な「小説の技法」の力を借りたくなってくる。

しかし藤原の場合はちがう。なにしろ歴史なのでね、研究対象となる人間たちなど、とうの昔に消滅してしまった。その代わりに研究者は「史料」という、いわば石化した物体群と丹念かつ長期につきあうことになる。そのことについて、藤原は『歴史の屑拾い』で、こうしるしています。


歴史研究は史料の断片を重ね合わせる作業だ。私は一次史料について考えるとき、数千年前に作られた土器の破片を発掘して、その全体像を復元しようとする考古学者の仕事を思い起こすことがある。歴史学の場合、その破片は、さまざまな人の手で書かれた雑多な記述であることが多い。歴史研究者は、それらの破片を並べて、土器らしいものを再現しようとしている、と言ってもよいだろう。

しかも歴史学に重なってくる学問は考古学だけではない。たとえば人類学——。歴史学という学問では「すでに起こった事実から議論を始める以上、社会制度によって形成された『人間』を問う」ことしかできない。したがって「監視、管理、支配、イデオロギー」などが、その得意分野ということになる。対するに人類学にとっては、そのように形成された「人間」の「強靱な枠組みを溶かしていく作業」こそが重要になるというのです。

では「溶かして」どうするのか。

私は知らなかったが、どうやら現代人類学の最先端は、「人類以外のもの〔マルチスピーシズ＝動植物、精霊、機械、土地など〕の形跡と痕跡」に関心を向けはじめているらしい。つまり「歴史は〔人間だけでなく〕、人間と人間以外のものが制作する世界の無数の奇跡の記録なのである」という考え方ですね。

こうした考え方につよく共感しながらも、藤原は、もしそうだとすると、この「非人間の歴史学」では「歴史における責任の問題」をどう処理すればいいのかという、さらに一歩さきの課題に対処せざるをえなくなった。そして考える手がかりのひとつとして、かれは伊藤亜紗の『手の倫理』（講談社選書メチエ）という本をあげていた。

この本で伊藤は、全盲のランナーと紐で手をつなぎ、目隠しをした伴走者として、ともに走った体験について語っている。

その体験を伊藤は「ふれる」という語で表現する。医者の触診などの「さわる」とちがって、「ふれる」では、慣れるにつれて「お互いの存在が一体化するような快感」を抱くようになる。ただし慣れすぎて互いの関係を破壊してしまうおそれもないではない。でもね、おそれがあるからこそ「その場ならではの『倫理』が発生する」のだ、と伊藤はいう。なぜなら「倫理は道徳と異なり、相互の押したり引いたりの動的な関係の中で積み重ねられていくもの」なのだから、とね。

そしてもしそうだとすればと、こんどは藤原が考える。「人間の輪郭が〔溶けて〕曖昧だからといって、責任も曖昧になるわけではない。倫理は〔道徳とちがって〕人間の輪郭の変化にあわせて刻一刻と変化を遂げるが、それを無視したり、変化を追わなかったりすれば、かえって責任は増幅する。〔したがって〕法的に固定化された人間同士の関係よりも、もっとダイナミックな責任のあり方を論じることができるだろう」――。

ここで「法的に固定化された人間同士の関係」というのは、さきほどの「社会制度によって形成された『人間』たちの関係をさしているのだろう。その関係を「人間と人間以外のもの」との間にまで拡げることで、歴史学の新しいヴィジョンを生むことができるかもしれない。おそらく、その可能性は十分にある、と藤原は考えているらしい。

＊

こう書いてくるとわかるが、研究者としての自身の文章に、これまでの学術論文とは性質の異なる小説の構成や語り口を積極的に取り入れよう——そうつとめるようになったという点では、伊藤も小川も藤原も変わりないのです。

たとえば学術論文には「私」という一人称がない。なぜないのか。ようするに、みずからの文章から「私」を消す（藤原にならっていえば「透明」にする）こと自体が、これは個人的な意見や判断ではない、すべての人びとが共有できる普遍的な真実なのだと、そう主張し保証する暗黙のルールになっている。そして、つまりはそれが「学術論文」に課された「型や縛り」の、もっとも重要なひとつということにもなる。

したがって、たとえば丸山眞男の初期代表作ともいうべき『日本政治思想史研究』という大著に「私」は登場しない。なのに、そこには存在しなかった「私」が、おなじ丸山が新聞や雑誌に書く時評などでは、ごく自然に登場してくる。

しかるにですよ、伊藤亜紗の『記憶する体』や小川さやかの『チョンキンマンションのボスは知っている』では、著者たちの当面の代表作であるにもかかわらず、一人称の「私」がなんの遠慮もなく、大きな顔をして登場している。そして、おそらくそれは藤原辰史の『ナチスのキッチン』の場合もおなじ。

ただ藤原は歴史家なので、じぶんの研究に「私」を登場させるには、ほかの二人（美学者と文化人類学者）よりも大きな決断と周到な準備が必要になる。

しかも『歴史の屑拾い』所収のエッセイによると、かれはもともと「構造的に歴史を把握する叙述よりも、『個人』が強く前に出る叙述に惹かれる」気質の歴史家のようなのですね。したがって、たとえば『ナチスのキッチン』にしても、二十世紀前半の激動するドイツで「台所の合理化と女性の解放を目指した三人の女性を主人公に据えた」というしかたで書いたという。

つまり「私」という「筆者」を語り手に、三人の女性を「主人公」に据える物語的な歴史書――。

たしかに面白そうだし、私も読みたい。でも、このやり方だと、すこしでも手を抜くと、ヒストリー（歴史＝物語）がストーリー（物語＝ウソ話）になりかねない。などと私が心配するまでもなく、藤原も、そのことについては考えていた。

私もこれまで、歴史叙述の中に「私」を登場させ、史料収集のプロセスや史料発見の状況などを挿入することで、事実の断片を叙述に組み込んでいくときの緊張感をあえて読者に提示してきた。「私」の登場は、場合によっては叙述の客観性を失わせることになり悩ましいところだが、物語になりにくいということを伝える場面では、むしろ効果を発揮することもあると考えている。

なにしろ歴史論文と文学とでは「客観的な事実に立脚する手続きが全く異なる」ので、そこに生じる「悩ましい」矛盾をどう乗り越えるか——その方法を新時代の歴史家はそれぞれに工夫することになった。藤原の場合でいうと、かれはそれを上記の「事実の断片を叙述に組み込んでいくときの緊張感」に求めたわけね。

考古学なら土器の破片だが、歴史学では「さまざまな人の手で書かれた雑多な記述」を徹底的に収集し、とりあえずそれらをひとつの物語にまとめてみる。でもこの段階で完了するわけにはいかない、と藤原はいう。

……〈歪曲された〉物語には〈正しい〉物語で対抗せよ、というのではいつまでたっても史実を自分の都合の良いストーリーに改変する歴史修正主義の罠から抜け出せない。そうではなく、現実に進行した史実のはざまにあった、当時の大きな物語に接続しえなかった断片を拾い集める必要がある。そのような無数の断片を手にして、ようやく歴史叙述の担い手は安全な位置から歴史を眺める超越的な身ぶりを捨て去ることができるのではないか、と私は考えるようになった。

ナチズムにせよ、民主主義にせよ、共産主義にせよ、その時代の「大きな物語」からは外れた「どう組み合わせてもすっきりとした物語にならない諸断片をせめてそれぞれの輝きが失われないように並べて置いておける」ようなゴツゴツした物語。どうやらそれがかれの「歴史像」の基準であるらしい。

——さてと、なんとかここまでわかったからには、あとは『ナチスのキッチン』と取り組むしかない。ただし勉強としてでなく、このさきは「もうじき死ぬ人」の楽しみとしてね。

静かなアナキズム

9　テロリズムの時代

いろいろあって大学卒業がおくれ、やっとのことで、新聞広告で見つけた『新日本文学』という文学運動誌の編集部に就職した。

そのあとだから、たぶん一九六〇年代の前半だったのだろう。ある日、仕事場をでて中央線・東中野駅の線路ぞいにある喫茶店に入り、席についてまわりを見ると、斜め向かいの、窓に黒いレースのカーテンが掛った駅側の席に、三人の老人がひっそりと坐っていた。そのうちの小柄な老人に見覚えがある。

――あれ、金子光晴がいるぞ。

金子は東中野から中央線で六駅先の吉祥寺の住人で、私もおなじ町に住んでいた。それでなんどか路上で見かけたことがあったのです。

その光晴老が、手に持った聴音器を向かいの二人の老人のまえにさしだし、なにやらボソボソと話をしている。あとの二人も、やがてわかった。ベレー帽をかぶった小太りの老人はたしか秋山清。そして隣りの痩せた老人が岡本潤。みなさん大正末からの古い詩人で、秋山さんと岡本さんは、おそらく以前、駅のそばの新日本文学会の粗末な会館に何度か顔をだしたことがあり、そのすがたをチラッと目にしていたのだと思う。

——それにしても金子光晴と秋山清と岡本潤とはね。往年の若きアナキズム詩人たちの揃い踏み。なんだか近代文学史の古い写真みたい。

だとすると、この三老人は若いころ、どこで、どのように出会っていたのかしらん。

かれらと同世代の大阪の詩人、小野十三郎の『日は過ぎ去らず—わが詩人たち』(編集工房ノア)という回想本によると、関東大震災後、中学をでて二度目の上京をした小野は、二十代の五年間を本郷肴町《さかなまち》の路地奥にあった下宿屋で暮らしていた。そして「若年にしてアナーキズムの思想にひかれ」、その関係で、秋山清(朝日新聞社のエレベータボーイ)や、アナキズム系の前衛詩誌『赤と黒』の詩人、萩原恭次郎、壺井繁治、岡本潤(東洋大学の哲学講座に通う白皙蒼面の若者だった)たちと知り合ったらしい。

かれらがよく顔を合わせていたのが、小野の下宿に近い白山上の「南天堂」という書店を兼ねたカフェ・レストランで、ほかにも、辻潤、川崎長太郎、宮嶋資夫、今東光、吉屋信子、野口雨情といった人びとがたえず集まっていた。もちろん南天堂開店（一九二〇年）の三年のち、関東大震災のさなかに憲兵隊に惨殺される大杉栄と伊藤野枝もね。

このことからもわかるように、客たちの多くがアナキストやその同調者だったので、たまにボルシェビキ（ロシア革命の多数派コミュニスト）の連中が顔をだすと、問答無用の殴り合いになった。やや遅れるが、新宿のカフェの女給だった若き林芙美子や、印刷工のアナキスト詩人・菊田一夫も、やはり常連の一人だったらしい。そう、南天堂というのは、あの林芙美子原作、菊田脚色の演劇版『放浪記』の背景のひとつにほかならないのです。

そしておなじころ、大震災の一九二三年に金子光晴の第一詩集『こがね蟲』が出版される。ただし金子は、かならずしも南天堂派ではなかったようだが、

〈『赤と黒』の詩人たちは〉さも当然のように、金子が金子がと、呼び捨てで、この詩人のうわさをした。最初のころ、かれらの詩風から考えて、それが私にはふしぎだったが、だんだん、これは金子の当時の詩に対する私の読みの浅かったことがわかってくると共に、「赤と黒」の三人の若きアナキストの詩人たちが金子の人間と詩に対して持っている親近感がわかるようになってきたのである。（『日は過ぎ去らず』）

この年、秋山清は十九歳、岡本潤は二十二歳。その二人が二十八歳の金子を「さも当然のように、金子が金子がと、呼び捨て」にしていたというのだからね。後年の三老人のひっそりした気配を思いだすと、ついニヤニヤしてしまいますよ。

とはいうものの、あらためて数えてみたら、あの東中野の喫茶店で私が見かけたときの秋山は六十歳まえ、岡本は六十代の前半。金子でさえ、まだ七十歳になるまえだったのだ。ようするに、やっと「ヤング・オールド」になるかならないかの年ごろ。それが当時の私の目には「オールド・オールド」の真正老人と映った。ハハハ、思わず笑っちゃうよね。かれらどころか、いまや私のほうが、まぎれもない「歴史上の人物」じゃないの。

*

こんな昔話からもわかるとおり、じつは私の世代になると、すでにアナキズムは遠い伝説というか、極端にいえば、ほとんどおとぎ話のようなしろものになっていたのです。

なにしろ、上記の南天堂でのボルシェビキとの喧嘩が示すように、アナ派とボル派のどちらがこの国の労働運動の主導権を握るかの、はげしい闘争の真っ只中でしたからね。でも結局、国家とその権力を認めないアナ派は、革命で権力を奪ったばかりの共産主義国家（ソ連）と手を組んだボル派の勢いに、あっけなく敗退してしまう。すかさず日本共産党が発足。その翌年には大杉栄が殺され、リーダーを失ったアナキズム運動の力は一気に弱体化してゆく。そして、さらなる弾圧と転向と絶望的な戦争があとにつづき……。

といった次第で、その二十年ほどのち、敗戦後の焼け跡でものごころついた私などは、かつてボルシェビキに軽く一蹴されたと聞くアナキズムのことなど、ほとんど頭にないも同然だったのです。

いやいや、そうともかぎらないか。

あれは中学か高校の頃だったと思うが、雑誌かなにかで「アナキスト＝テロリスト」という風説のごときものに接し、それが私の脳のどこかに張りついてしまった。そんな記憶がうっすらとあります。いまでいえば、イスラム教徒ときくと反射的に無差別的な自爆テロリストと思ってしまう。それとおなじ。

しかも奇妙なことに、このテロリストたちは一様に、黒い帽子と黒い服、黒い頬髭に爆弾入りの黒い鞄という漫画みたいな風体をしていた。そのせいもあってか、陰惨というよりも滑稽な印象の方がつよかった。でも自分の身をかくそうとするテロリストが、こんな死神じみたスタイルをすすんでえらぶとも思えない。おそらくは二十世紀半ばの世界で、欧米の新聞や雑誌の風刺漫画がひろめたアナキストのイメージだったのだろうが……。

したがって、この種の漫画化は日本だけのことではなかった。現に私が大学生のころに見た、ルネ・クレマン監督の『生きる歓び』という仏伊合作の映画がある。いま調べたら日本での封切りは一九六二年だから、駅前の喫茶店で私が三人の老アナキスト詩人の会話をぼんやり眺めていた、そのすこしまえの話ですね。

この映画の舞台も、やはり南天堂とおなじ一九二〇年代のローマだった。

——兵役を終えたひとりの貧乏青年（アラン・ドロン）が、職さがしの果てに、わずかな金《かね》に釣られて、ムッソリーニが率いるファシストの「黒シャツ党」に入党する。そのあげく、反ファシスト派の巣窟と目される印刷屋にスパイとして住み込んだはいいが、そこの娘に一目ぼれし、彼女の気をひこうと、スペインから派遣された爆弾テロリストになりすましてしまう……。

こうしてはじまる際《きわ》どくも陽気な映画なのだが、あとでそこに登場してくる本物のテロリストが、例によって、黒い帽子と黒い服、黒い頬髭に爆弾入りの黒い鞄という、黒ずくめの陰気な風体をしている。映画では、さきに述べたごとく、このテロリストはスペインから送り込まれたという設定になっていた。はっきりした説明こそないが、送り出したのは、おそらくスペインに本拠を持つ国際的なアナルコ・サンディカリスム組織だったのだろう。

「サンディカ」とは労働組合のこと。つまり議会での討論ではなく、ゼネストや暴動などの「直接行動」によって革命を成就し、政府（国家）にかわって労働組合が政治や経済をになう「無政府社会」を実現する。それがアナルコ・サンディカリスムね。そして二十世紀に入ると、こうした展望に立ったアナキズム運動が、スペインやフランスやイタリアを中心に、さかんな活動を行なうようになった。フランス帰りの大杉栄を中心とする日本のアナキストも、この運動から、ひとかたならぬ影響を受けていたのです。

でも、この映画、私はけっこう好きだったな。

そこにたちこめる、漫画化された暴力（黒服・黒帽子の爆弾テロリスト）と穏やかな庶民的抵抗（印刷所一家）が一体化した、明るくも、いささか無責任な「生きる歓び」の空気が、当時の私には気持ちよく感じられた。つまり、さきほど「遠い伝説」や「おとぎ話」のような、とするしたが、六〇年代初頭の若い私のアナキズム空間では、さしたる知識もないままに、間抜けな暴力と穏やかな抵抗とが、いささかファンタジックな具合に、こんぐらかって存在していたようなのです。

それにしても、その二年前に『太陽がいっぱい』で一世を風靡したルネ・クレマンとアラン・ドロンのコンビが、一転して、こんなヘンテコな映画をつくるとはね。それなりに厄介な時代だったのだなと、あらためて思いましたよ。

＊

ただし当時のテロリストは、あの漫画じみた殺し屋たちよりも、実際には、ごく普通の庶民としてイメージされていたらしい。その証拠というか、アメリカに渡る以前、イギリス時代のアルフレッド・ヒッチコックに『サボタージュ』（一九三六年）という映画がある。

「サボタージュ」というのは、きびしい労働条件や労働環境を改善すべく、労働者たちが一斉に仕事を放棄して資本家を慌てさせるという、ひと昔まえまではだれもが知っていた労働争議の戦術のひとつだった。仕事を怠けることをよく「サボる」というでしょう。つまりはあれですよ。ところがこの映画では、はじまるとすぐに、以下のような辞書の定義がスクリーンに大きく映しだされる。

「sabotage」とは、故意に破壊行為を行うこと。その目的は、ある組織に警告を発したり、市民を恐怖に陥《おとしい》れたりすることである。

——あれ、これが「サボタージュ」の定義？「テロリズム」のまちがいじゃないの？

と私ならずとも、だれだってそう思うんじゃないかな。

もともと「sabotage」とは「仕事がうまくいかないとき、そのイライラから木靴で作業用機械を蹴り壊す」ことを意味するフランス語らしい。その語が英語化の過程で、なぜか「テロリズム」と同義の語にすり替えられてしまった。これはそういうことなのかしらん。一方の「テロリズム」はといえば、これまた本来は「恐怖」を意味するterreurというフランス語。もしかしたらヒッチコック氏は「サボタージュ」や「テロリズム」、さらには「アナキズム」のことすら、さして知らなかったのかもしれない。

ともあれこの映画では、冒頭の定義に沿って、「市民を恐怖に陥《おとしい》れる」行為としてのサボタージュ（＝テロリズム）が、時計の針とともに、コツコツと非情にすすんでいくのです。

――おもな舞台となるのはロンドン下町の小さな映画館。そこで館主のヴァーロックが、アメリカからやってきた若い妻とその弟の少年と共に質素に暮らしている。ところが、この冴えない中年男が同時に正体不明の破壊活動家で、某国の「外国人」の指令によってはたらき、どうやらそれなりの報酬を得ているらしい。

などと曖昧な書き方になってしまったが、この映画、じつはジョゼフ・コンラッドの『密偵』という有名な小説を下敷きにしているのです。この小説は一九〇七年の作なので、そこにでてくる「某国」が崩壊寸前の旧ロシア帝国を、謎の「外国人」がロシア大使館の諜報部員を指すこととが、すぐわかるようにできている。

対するに映画の『サボタージュ』は、それから二十年ほどのちの一九三六年の作。ヒッチコックとしては、主人公は原作とおなじアナキストで、謎の「外国人」はフランス人かスペイン人、さもなければ、最新のナチス・ドイツのスパイといったあたりを想定していたのでしょうな。ただし、あくまでも娯楽映画なので、余計なことは考えないようにと、そのあたりはわざと曖昧なままにしたのかも。

——ある日、映画館主のヴァーロックに「外国人」から電話がかかり、指定された水族館に行くと、土曜日のロンドン市長の就任パレードに合わせ、午後一時十五分までに、時限爆弾をピカデリー・サーカスの地下鉄駅のロッカーに置いておくように、という指令を受ける。

ところが、よんどころない事情ができて、自分ではその作業ができなくなり、やむなく義弟の少年に、爆弾入りの紙箱をロッカーまで運ばせることにする。それも中身は告げないまま「かならず歩いて行くこと」と命じてね。ところが街はたちまち群衆であふれ、巻き込まれた少年は、たまたまやってきたバスにあわてて乗り込む。それやこれやで時間をとられ、その果てに、少年の乗った満員のバスで爆弾が炸裂するという悲惨な結果になってしまう——。

ただしこれは実際の事件をもとにした映画ではない。事実、原作の『密偵』の方は、一八九四年二月、フランス人のアナキストがロンドン・グリニッジ天文台の爆破をくわだて、未遂に終わった実際の事件を下敷きにしている。

それをもとにヒッチコックは、主人公の映画館主が少年をピカデリー・サーカスの爆弾テロに追いやり、それをこの上なく悲惨なかたちで失敗させるというお話にしたものと思われる。原作者のコンラッドは、のちに「アナキストが大衆の善良さに付け入り、おろかな破壊を行いに走る欺瞞が我慢できなかった」と語っていたらしい。おそらくヒッチコックの頭にも、これと同様の、おそらくはメディアを通じて広がったアナキストの「恐怖の死神」イメージが、こびりついていたのでしょうな。

＊

たったいま私は爆弾テロを形容して「悲惨な」とか「恐怖の」という語を使った。

おなじくテロリズムといっても、特別な個人の暗殺――たとえば一八八一年のサンクトペテルブルクでのナロードニキ（人民の意志派）によるアレクサンドル二世の暗殺や、第一次世界大戦の引き金となった一九一四年のサラエヴォでの、セルビアの民族主義者によるオーストリア＝ハンガリー帝国の帝位継承者の暗殺などとはちがい、二十世紀の爆弾テロは、子どもをも含む一般市民を意図して巻き込む集団的な殺戮になっていたからです。

特定の権力者の命を奪うだけでは国家の厚い壁は崩せない。そのあせりが、本来なら明るい思想であるはずのアナキズムを悲惨な無差別爆弾テロに追い込んでしまう。

アナキストの大多数はこうした爆弾テロとは無縁のままだったが、にもかかわらず、かれらの運動には陰気な評判がついてまわった。とりわけ一九二〇年代の世界では、勢いを増すコミュニズムやファシズムに対抗して、アナキストたちの内部にも過激なテロリズムに走る集団が生まれてくる。その成り行きを喜劇化し、土壇場で陽気にひっくり返してみせる。いまにして思えば、おそらくはそれがルネ・クレマン『生きる歓び』の企みだったのだろうな。

しかし二十世紀の無差別テロへの衝動は、その怪物化ともいうべき第二次世界大戦の無差別絨毯爆撃や広島や長崎の原爆をはさんでさらにすすみ、いまの私たちに近いところでは、二十世紀後半の日本赤軍派によるテルアビブ空港乱射事件や、オウム真理教による地下鉄サリン事件などを経て、二十一世紀に入るや、ただちに二〇〇一年のアメリカ同時多発テロに直面させられてしまうまでになった。無差別テロの悲惨と恐怖。思い切っていえば、その責任の一端は、みずからにつきまとう「恐怖」イメージを拒み切ることに失敗したアナキズムの内部にもあったようなのです。

――と話を先にすすめるまえに、私の趣味でちょっと横道に入らせてもらうと、『サボタージュ』のヴァーロック役の俳優はオスカー・ホモルカ。むかし私が入れ上げたブレヒト演劇がらみでいうと、じつはこの人は一九二〇年代ベルリンのブレヒトの劇場で活躍した俳優なのです。のちにナチス化しつつあるドイツを逃れ、アメリカに渡る。その途中でロンドンに寄り、この映画にでることになった。

その後、ハリウッドでも『教授と美女』『ママの想い出』『七年目の浮気』『戦争と平和』など、多くの映画で活躍している。はじめて私が映画館で見たのは、オードリー・ヘプバーン版『戦争と平和』（一九五六年）のロシア軍総司令官クトゥーゾフ役。これもよかったが、のちに戦前の映画をDVDで見て、あらためてわかった。泥くさく地味だけど、コミカルな味もある、なかなかいい役者だったのです。

ブレヒトつながりでさらにいうと、ホモルカとおなじ道筋をたどったブレヒト劇の俳優が、『マルタの鷹』や『カサブランカ』や『毒薬と老嬢』の怪優ピーター・ローレで、やはり渡米途上のロンドンでヒッチコックの『暗殺者の家』に登場している。

そして、もうひとり。ブレヒトの『三文オペラ』の「海賊ジェニーの歌」で人気をあつめた女優ロッテ・レーニャも、夫で、おなじ『三文オペラ』の作曲家クルト・ヴァイルと共にアメリカに亡命する。映画よりも舞台の人。私が若い頃の日本では、そうねえ、ショーン・コネリーの『007 ロシアより愛をこめて』の、靴の踵《かかと》にナイフを仕込んだソ連情報部の怪女・クレッブ大佐役で知られていたんじゃないかな。

10　よみがえるアナキズム

その後、一九七〇年代のはじめに、いまはもうない『展望』という筑摩書房の雑誌で、鶴見俊輔の「方法としてのアナキズム」という文章を読んだ。くわしくは後述するが、ともかくそのおかげで、なにかと大雑把な私も、黒ずくめのテロリストとは無縁のアナキズムがあることを、ようやくはっきりと認識するようになったのです。

ただし、だからといって、じぶんが一変するほどの衝撃を受けたわけではない。その点は、ほかの読者だって似たようなものだったんじゃないかしら。

つまり日本のアナキズム・イメージは、南天堂におけるアナ・ボル闘争の時代や、ヒッチコックの『サボタージュ』やルネ・クレマンの『生きる歓び』の時代のまま、だらだらと曖昧につづき、つまりはそれ以上に深い関心を持つこともなく、気がついたら、いつの間にか二十世紀が終わっていた。まあ、そんな感じかな。いや、もっと乱暴に、この間、日本をふくむ世界の大半が、アナキズムという思想のもつ可能性に無関心なままだった。そういってしまったほうが正確かもしれない。ただし鶴見俊輔たち、ごく少数の人びとを除いてね。

ところが意外にも、二十一世紀が一〇年代にはいる頃から、なかば消滅した感のあった「アナキズム」という語を、さまざまな場で目にするようになった。

私の場合でいうと、そのことにはじめて気づいたのは、二〇一三年刊の『アナキズム・イン・ザ・UK――壊れた英国とパンク保育士奮闘記』（Ele-king books）にはじまり、二〇二一年刊の『他者の靴を履く――アナーキック・エンパシーのすすめ』（文藝春秋）にいたる、ブレイディみかこの盛んな著作活動によってだった。

その後者、『他者の靴を履く』によると、彼女の息子が通う英国の中学校には「シティズンシップ教育」という授業があるらしい。ある日、テストで「エンパシーとは何か」という問題がでて、息子は「自分で誰かの靴を履いてみる」と答えた。ただし、これはかれの独創ではなく、もともと英語にそういう「定型表現」があるのだとか。「自分の内側から湧いてくる自然な感情」――すなわち「シンパシー」に対して、「じぶんとは異なる他者の感情や経験を理解する能力」を「エンパシー」と呼ぶというのです。

ところが日本の辞書では、そのどちらもが「共感」という訳語になっている。そのため「エンパシー」と「シンパシー」のちがいがわからなくなってしまう。

——ありゃりゃ、これはちょっとまずいんじゃないの。

そうブレイディさんは思ったらしい。ところが、あらためて勉強してみると、近年、じつは英語圏の国々で、「エンパシー」という語の解釈をめぐって、さまざまな議論が交わされているのがわかってきた。その詳細はブレイディの本で読んでもらうとして、ともかくその過程で、彼女は「思いきり利己的であることと、思いきり利他的であることは、実のところ繫がっているのではないか」と考えるようになったというのです。


……「他人への思いやりを持ちなさい」とか「弱者を助けなさい」とか言うと、平時にはロマンティストだとかヒューマニズムでは世界は救えないとかいう話になりがちだが、実は人間は利他的になったほうが自分を利する。少なくとも、世の中というものはそういう風にできていて、生物はその法則によって生き延びてきたのですよ、と言った人が、かのクロポトキンである。彼の相互扶助論は、地べたの助け合いネットワークやミクロな地域単位での社会活動に関連づけて語られることが多いが、今回のコロナ禍を見ていると、経済にもスライドできることに気づかされる。

ハンド・サニタイザー（手拭き布）やトイレットペーパーを買い占めて戸棚に大量にしま

い込んで市場での流通量を減らす行為は、いまは使わない金銭を大量に銀行口座に貯め込んで経済を停滞させる行為とそっくりだからだ。（略）「カネは天下の回りもの」という日本語の諺は、実はけっこうクロポトキンなのだ。（『他者の靴を履く』）

「かのクロポトキン」とは、いうまでもなくピョートル・クロポトキンのこと。国家を否定して自主的な「相互扶助」にもとづく社会を構想した、いわばアナキズムの祖ともいうべきロシアの思想家ですね。そんな人物の名が不意に飛び出してきたので、その意外さにちょっと驚いた。でも、じつは驚くまでもなく、ブレイディはそのすこしまえのページで、一九二三年九月に、夫の朴烈と共に皇太子爆殺を謀《はか》って大逆罪で投獄され、のちに獄死（縊死というが不明）した金子文子について、こんなふうに語っているのです。

——父親や教師や役人に拘束されて生きるのはごめん。わたしはわたし自身を生きる。

日頃そう語っていた生来《せいらい》のアナキストとして、彼女は生涯、家族や学校や国家といった諸制度の「はずれ者」であることをやめようとしなかった。ところが、そんな激しい人物でありながらも、塩辛いサンマの干物で食事する刑務所の女看守を見ると、胸のうちで、「あの人の生活もきっと楽ではないのだろう」と、立場を超えて、つい「エンパシー」のスイッチが入ってしまう。金子文子というのはそんな人物でもあったらしい。ブレイディが「思いきりの利己的と思いきりの利他的は、じつはひとつに繫がっている」というのも、そのことを意味していたようなのです。

＊

しかも、おなじ時期、アナキズムについて積極的に語りはじめたのは彼女だけではない。文化人類学者・松村圭一郎の『くらしのアナキズム』（ミシマ社、二〇二一年）や、栗原康の『アナキズム——一丸となってバラバラに生きろ』（岩波新書、二〇一八年）や、森政稔の『アナーキズム——政治思想史的考察』（作品社、二〇二三年）など、アカデミックな研究書や啓蒙書や生活エッセイをふくめて、むかしアナがボルに叩きつぶされた頃から数えて一世紀ぶりに、さまざまなタイプのアナキズム関連の本が続々と刊行されはじめたのです。

ブレイディみかこの生年こそ一九六五年だが、松村は七五年、栗原は七九年の生まれ。したがって、このたびの老耄版「お祭り読書」の対象であるミレニアル世代に、ほぼ該当する。どうやら、この世代の人びとを中心に、なんらかの理由があって、これまでとは別の方向でのアナキズムへの関心がよみがえりつつあるらしい。

——とすると、では、なにが理由だったのだろう。

この点については、すでに登場してもらった農業史家・藤原辰史さんが、かれの『歴史の屑拾い』で、「人類学では、社会制度によって形成される『人間』という強靱な枠組みを溶かしていく作業が重要なのであって、近年の人類学のアナキズムへの接近も、おそらくそのようなモチーフに支えられているのではないか」と推察している。

いろいろあろうが、このアナキズム再考ラッシュの背景には、なによりもまず、藤原のいう「近年の〈欧米における〉人類学のアナキズムへの接近」――具体的には、『ブルシット・ジョブ――クソどうでもいい仕事の理論』（岩波書店、二〇二〇年）で注目を浴びたアメリカ合衆国の人類学者で、アナキスト活動家でもあったデヴィッド・グレーバーの『アナーキスト人類学のための断章』（以文社、二〇〇六年）とか、おなじくアメリカの政治学・人類学者、ジェームズ・C・スコットの『実践　日々のアナキズム』（岩波書店、二〇一七年）といった著作があったようなのです。

なかでも重要なのが、グレーバーが「他の人類学者たちを束にしたよりもアナーキストたちに影響力を持つことになった」という、フランス人類学の創始者マルセル・モースの理論ですね。なかんずく一九二五年刊行の『贈与論』――。

モースはこの論で、貨幣や市場が出現する以前の経済は「物々交換」によって機能していたという定説を排し、貨幣に依存しない社会は「贈与経済の社会」だったと主張した。そして、それはまた「計算に依拠しない、むしろそれを拒絶する倫理体系に根ざす社会」でもあったとグレーバーはいう。したがって、そこには、いまの私たちがこだわるような「利己主義と利他主義」や「人とその所有物」といった関係など、はなから存在しようがなかったということになる。

そして、このモースの『贈与論』に励まされ、多くの人類学者が、いまも現に存在する「贈与経済の社会」や「利己=利他の社会」の実例をさがしあて、そのことで、私たちが長らく封じ込められてきた「貨幣と市場の社会」を、すこしでも揺るがす手がかりをつかみたいと考えはじめた。

とはいっても、いま私たちが暮らしている世界のただなかで、そうした社会を現実の空間として構築し、それを持続しつづけるのは容易なことではない。

そうした社会——つまり「贈与経済の社会」や「利己=利他の社会」を、クロポトキン流のアナキズムの用語でいうと、「権力による拘束を排した自主的な相互扶助にもとづく社会」ということになる。そして、じじつ二十世紀のアナキストたちは、その夢を目指しての大小の活動を繰りかえし試みていた。その代表的な例が一九三〇年代後半のスペイン内戦ですね。

第一次世界大戦ののち、あれこれあって、一九三一年に国王アルフォンソ十三世がフランスに亡命し、新しいスペイン共和国が発足する。しかし、ほどなくイタリアやドイツや日本でファシズムが台頭し、スペインでも右翼内閣が権力をとった。そして、これに対抗してアナキストや共産党員や社会党員や民間の知識人を含むスペイン人民戦線が組織され、フランスやイギリスやアメリカからの義勇兵をも加えて、フランコ将軍率いる反人民戦線軍との内戦がはじまる。

ところが、そこにコミンテルン（共産主義インターナショナル）の義勇軍として参戦したソ連と、反共産党勢力、なかんずく労働者や農民を中心とするアナキスト民兵との間で、「内戦のなかの内戦」ともいうべき苛烈な闘争が勃発する。いってみれば、しばらくまえの日本におけるアナ・ボルの対立の大がかりな国際版ですよ。

ジョージ・オーウェルの『カタロニア讃歌』（岩波文庫）によると、カタロニアでも最初の数か月は、アナキストが実際の権力を握っていた。すなわち「スペインで生じていたのは、たんなる内戦ではなく、革命の開始だった」と、かれ自身がイギリスからの義勇兵だったオーウェルはいう。でも、なにしろスターリンのソ連とフランコのスペインという、ふた通りの独裁的な国家主義を相手とする戦争ですからね。結局は惨憺たる最後を迎えることになってしまった。

あるいは、いまもウクライナではプーチンのロシア連邦に自由を奪われまいと、激しい戦争がつづいている。しかしウクライナにとって、これははじめての経験ではないのです。たとえば、一九一七年のロシア革命下で、ウクライナのアナキスト、ネストル・マフノが組織した農民パルチザンの戦い。当初は、かれらもロシア革命に積極的に参加していたが、ボルシェビキ独裁の傾向が強まるなかで、方針をウクライナの独立に変え、ソ連赤軍との戦争がはじまる。だがここでもマフノのパルチザン軍は敗れ、マフノは危うくパリに亡命することになった。などなど……。

＊

さきに私は、これまで「日本をふくむ世界の大半が、アナキズムという思想のもつ可能性に無関心なままだった」と述べ、その数すくない例外として鶴見俊輔の名をあげた。かといって、以前からそう思っていたわけではない。近年の、モース以来の人類学に支えられたアナキズム復興の流れの中で、むかし鶴見が書いた「方法としてのアナキズム」という文章のことを、あらためて思いだしたのです。

むかしとは一九七〇年。鶴見は筑摩書房の『展望』に発表したこの評論の冒頭で、もともとアナキズムは「トマス・アキナスの『神学大系』とか、マルクスの『資本論』のような、まとまった理論的著作をもっていないし、もつことはないだろう」としるしている。なぜなら、

……それ（＝アナキズム）は、人間の社会習慣の中に、なかばうもれている状態で、人間の歴史とともに生きて来た思想だからだ。習慣の中に無自覚の形である部分が大きく、自他にむかってはっきり言える部分は小さい。

アナキズムは、権力による強制なしに人間がたがいに助けあって生きてゆくことを理想す

る思想だとして、まずおおまかに定義することからはじめよう。

この定義の背後には、「アナキズムの理念による革命は、近代の歴史においては成功した実例を知らない」という認識があった。もちろん上記のスペインやウクライナの革命もその実例だったのだろう。

だとしたら、アナキズムはもう無用な思想なのだろうか。ちがう。たとえ「大規模に成功したことがないとしても、現代のように国家が強大になって、政府の統制力が人間の生活のすみずみにまで及んで来ている時には、国家が人間の生活にたちいってくるのに対してたたかう力を準備しなくてはならない。その力をつくる思想として、アナキズムは、存在理由をもつ」と鶴見はいうのです。

小さい状況に集中すれば、そこにはアナキズムの理想を実現しやすい。それは地域、友人のつきあい、個人の私生活、最終的には個人のある時の観念ということになるが、この種の退行がアナキズムに弾力性をあたえる場合もあろうし、逃避に終る場合もある。しかし、大きな状況についてだけ考えてゆくとすれば、どのようなアナキスティックな理念も、結局は官僚的な机上地図に転化するだろうし、官僚的支配の一部分にとりこまれてアナキズムとし

ての活力をなくすだろう。(『鶴見俊輔集9　方法としてのアナキズム』筑摩書房、一九九一年)

これを要するに、アナキズムにとっては、マルクス主義のような「真の」「唯一の」「これだ っ」という革命はない。だが、そのかわりに無数の小さな革命がある、と鶴見はまた別の対談で語っています。「それは革命と日常という対立だし、(略)日常というのは抵抗なんです。(略)これはどうも勢いが弱くてだめなような気がする。(略)だけど、抵抗を積み重ねていけば革命につながるという考え方が日常というものだと思うんです」(『鶴見俊輔対談集――未来におきたいものは』晶文社、二〇〇二年)

さきに述べたように、この「方法としてのアナキズム」という評論を書いたのが一九七〇年。そして、その二十八年まえ、太平洋戦争勃発の直後に、ハーバード大学哲学科の学生だった鶴見は、「私はアナキストなので、アメリカも日本も肯定しない」といってＦＢＩに逮捕され、アメリカ合衆国を追われてしまう。その時、かれは十九歳――。

その鶴見が「アナキズム」という語を知ったのは、そのさらに十年ほどまえ、かれが小学五年のときだった。そして中学生になると、古本屋で見つけた大杉栄訳の『革命家の思出』や『相互扶助論』や『青年に訴う』など、日本語で読めるかぎりのクロポトキンの本はすべて読んでしまう。つまり「私は小学生の時から大杉栄の党派なんです」と、かれは『鶴見和子を語る――長女の社会学』（藤原書店）という本で語っている。

――中学生のときクロポトキンや大杉栄を読んだ？ ほんとかよ。

と、はじめは私もそう思いましたがね、どうやらほんとらしい。なにしろ、三歳のとき熱中して読んだ宮尾しげをのマンガ『団子串助漫遊記』にはじまり、漫画や大衆小説を中心に、小学生のころは平均して一日四冊、さらには丘浅次郎の『進化論講話』や西村真次の『人類学汎論』などの「かたい本」をふくむ一万冊以上の本を読んだというのですから。

しかもクロポトキンは公爵家の三男として生まれた異端の革命家だった。そして鶴見も後藤新平伯爵の孫に当たる手のつけようのない不良少年――。

十四歳で渋谷百軒店《ひゃっけんだな》の「水商売の人」と「性行為」をおこない、後藤邸をでて郊外の物置小屋に立てこもり、目に障害がでるほどの集中的な読書。さらに二度の自殺未遂と三度の精神病院への入退院を繰り返し、小中学校からは何度も追放され、やむなく英語もできないままアメリカに送られてしまう。おまけに大杉栄は知的な不良の大先輩ですからね。鶴見少年が幼くしてアナキズムに惹かれたのは当然だったんじゃないかな。

もともと不良少年のときから、常にクロポトキンが好きだったから、国家は嫌いなんだ。だから、国家の連合を説いてインターナショナルになる（ソ連中心の世界革命組織コミンテルン＝ソ連が率いる国際共産主義運動）というマルクス主義も嫌いなんだ。そういうインターナショナリズムというのは、国家代表の談合じゃないかと思った。（略）つまり、領土があるかないかは問題じゃなくて、隣人との結びつきを大切にするという考え方ですね。（鶴見俊輔・上野千鶴子・小熊英二『戦争が遺したもの――鶴見俊輔に戦後世代が聞く』新曜社、二〇〇四年）

しかも若いころだけではない。それから二〇一五年に九十三歳で没するまで、かれはアナキストの看板を掲げない実践的なアナキストとして生きることになるのです。

11　隠れアナキスト・鶴見俊輔

いまは八月の半ばすぎ。いやはや暑いですな。

ついに息もたえだえの老いぼれになりおおせたとか、部屋のエアコンがとつぜん二度も故障したとか、それなりに厄介な事情もいくつかあったのです。しかしそれにしても、こんなに荒々しい猛暑の夏など、おそらく生まれてはじめてなんじゃないの。おかげで脳みそが沸騰し、キーボードを叩く指がぶるぶる震えたりね。もし来年の夏もおなじだったら、いまよりもいっそう弱っているはずの私など、手もなく路上でぶっ倒れてしまうだろう。

とまあ、そんな状態だったので原稿書きをあきらめ、冷たい水に浸したタオルを頭にのっけて、近所の図書館にでかけることにした。一年ほどまえ、『中央公論』に斎藤幸平と森田真生の対談が載っていて、それを図書館の机で読んだおぼえがある。あの対談をもういちど読んでみようと思い立ったのです。

というのも、前章で述べたごとく、鶴見俊輔の「方法としてのアナキズム」という文章を五十年ぶりに読みなおし、そこにこんな記述を見つけて「おや」と思った。

——権力による強制なしに人びとが助け合って生きていく。そんなアナキズムの理想を実現するのに「大きな革命」はいらない。それよりも「地域、友人のつきあい、個人の私生活」などの「小さい状況」に集中するほうが本道だろう。（要約）

読みすすんでこの一節に接し、反射的に、いぜん読んだ斎藤・森田対談のことを思いだしたのです。

でかけるまえに図書館のサイトで検索しておいたので、お目当ての対談はすぐに見つかった。ただし一年ではなく、ちょうど二年まえ、『中央公論』二〇二一年九月号に掲載されたもので、「豊かな未来のための『脱成長』戦略——資本主義に抗う生きる喜び、強い思想」という長いタイトルがついている。そして案の定、そこにこんなやりとりがあった。すこし長くなるけれども、その箇所を引用しておくと、

森田　僕はこのような〔気候変動やパンデミックなどの〕新しい現実の中でどのような自己像を描き、どのような感性を切り開いていくかということを考えようとしています。根本的

な自己像の変革を経ることなしに、性急に「行動！」となってしまうと、環境に対してまた別種の暴力を働くことになりかねないと思っています。

斎藤　環境破壊もコロナ禍も人間が招いた事態です。だからこそ、人間が責任を持って修復するべきではないでしょうか。破滅的な環境危機を前にして、人間の主体性が揺らぐのをどう受け止めるかという議論は、どうしても「責任逃れ」に見えてしまう。（略）むしろ覚悟をもって、絶望に真正面から向き合うべきではないでしょうか。

森田　より良い世界を作るために、今あるシステムを変えなければいけないことは確かです。ただ、「正しさ」だけを理由に生き方を変えられるほど、強い人間ばかりではないと思います。環境危機は、人間の心の危機でもあります。自然環境の調和が乱れ、災害が増え、おびただしい数の生物種が滅びていく中で、人間の心もまた壊れていくでしょう。特に、これからの子供たちは、「人間のせいでこんなにも環境が破壊されてしまった」ということを嫌というほど聞かされ続ける。そうしたなかで、それでもなお彼らが自分の生を肯定できるようになるには、どうすればいいのでしょうか。

斎藤　絶望の中で、いかに希望を持つかは重要です。しかしそれがシステムの問題から目を逸らすものになってはいけない。（略）資本主義システムを変えるには、やはり人々を変化に導く、強い思想が必要だと思います。

森田　僕は、危機において主体を強くしていこうとする発想には懐疑的です。（略）問題を一方的に特定し、これをとにかく解決するのだという考えそのものが孕んでいる暴力性があります。

二十一世紀も二〇年代にはいると、私のような老人の鈍感な体までが、いつのまにか、ここまで変貌してしまった気候変動や自然破壊の現状、その宇宙的な荒々しさを、いやもおうもなく感じざるをえなくなった。

でも本音をいうと、もうじき死ぬ老人のことなど、どうでもいいのですよ。

それよりも、これから幼い子たちの成長とともに生きていく若い親たちのことが気にかかる。このさき、かならずやってくるであろう不透明な未来に、かれらはどう対処しようとしているのだろう。そうした、これまでは考えてもいなかった（孫でもいれば別だが、その孫が私にはいないのでね）未来への関心が、じわじわと生じてきた。

そしてこの関心に、きわめてストレートなしかたで応じてくれたのが、この斎藤と森田の発言だったのです。

＊

かさねていうと、いまや地球規模での気候変動や自然破壊が、かつてないほどの速度で進行している。コロナウイルスの蔓延や地震や頻発する山火事、もちろん猛暑の夏もふくめてね。
この勢いを押しとどめる力は、もはや現行の資本主義システムにはない。それには最低限、これまで資本主義が奪取し破壊しつづけてきたコモン（自然との共生を前提に、そこに住む人たちが農業や林業に必要な森林や河川を「共有財」として管理する）の再生という反資本主義的な運動が必要になるだろう。それが、みずからマルクス研究者を名のる（したがって主義者ではない）斎藤幸平が、これまで提示しつづけてきた「コモン大革命」ともいうべき未来のヴィジョンなのです。

それに対して森田の側は、なんらかの大きなシステム転換が必要なのはたしかだろうが、その作業を「強い思想」を持つ「強い人間」が担っていくというやり方はあまりうれしくない。そのかわりに、これまでの「数学芸人」活動で広がった、鶴見がいうところの「地域、友人のつきあい、個人の私生活」を土台に、いくつかの小規模なグループをつくり、そこでの体験をつうじて、まずは未来以前の現在を「いきいきと生きる喜び」を見つけ、それを保ちつづける習慣を身につける。そしてその力で子どもたちといっしょに不透明な未来に対処していく。どうせなら私はそういうしかたでやっていきたい。そう森田はいうのですね。

さきほど私は、鶴見俊輔のアナキスト論をあらためて読んで「おや」と思ったとのべた。ようするに、あの「おや」は、「おや、ここで鶴見のいう革命と日常の対立は、あの対談での斎藤と森田の対立の構図とよく似ているぞ」という意味なのです。

つまり、かれらの対談に「革命と日常(もうひとつの革命)」という鶴見の分類を当てはめると、斎藤は国家をラジカルに全否定する「強い思想」を抱いた革命家に、そして森田真生はそれぞれの「小さな日常」で静かな対抗をこころみる純正のアナキストに該当することになる。

たしかに、さきほどの引用だけで考えれば、二人の頭のいい人間が、「じぶんのほうが正しい」とガチガチの信念をぶつけあっているように見えないでもない。じっさい昭和期だったら、この種の論争は、どちらが正しいかを争って、相手が立ち上がれなくなるまで、とことん激しくやってのけるのが普通だったのですから。

しかし、このたび二人の対談を読んでわかった。どうやらこれは、そうした昭和型、二十世紀型の論争とはことなる性質のものらしい。

その証拠に、来るべき危機にそなえて「強い主体」をつくっておこうと主張する斎藤に対して、いや、その「強い主体」という「発想」こそが、かえって無惨な「暴力」をひきよせてしまいかねない、と森田が反論する。そこまでは以前とおなじなのに、ここでは、そのきつい反論に対して、意外にも、斎藤がこんなふうに応じているのです。

斎藤　マルクス研究者としては、ソ連がまさにそうした〝暴力〟に加担し、失敗したという反省があります。資本主義とは別の世界を作るという目標のもとで、（略）官僚が一方的な計画を国民に押し付け、資本主義とは別の不幸を生んでしまった。（略）そういう意味で、森田さんが私有地〔つまり小さなコモン〕を他人と共有して学びの場にしていることは、既存の価値観からの解放として重要な意味を持つと思います。

つまるところ、いうべきことは率直にいうが、かといって相手の主張や行動を頭からぶっ叩くようなことはしない。どうやら斎藤はそう考えているらしい。そしてその点は森田もおなじ。相手の意見に耳を傾け、それにまなぶ寛容さも捨てない。したがって勝った負けたの硬直した対立にはならない。といったしだいで、二〇二〇年代の初頭における、この「大きな革命」派と「小さな日常」派の対話は、こんなふうに締めくくられることになった。

斎藤　違いも含めて、面白いお話ができました。

森田　アプローチは違いますが、これまでの生き方をラディカルに変えていかなければならないという同じ思いを共有していることを今日はあらためて感じました。人間の経済について原理までさかのぼって考えてきた斎藤さんの思考から、僕も今日は大いに刺激をもらいました。

正直いって、はじめは「おいおい」と思いましたよ。こんな大人っぽい締めくくり方など、たぶん、むかしの私たちだったらやらなかったろうな。

と、そう一応は感心しつつも、かれらにならって率直にいうと、でもそんな程度でほんとうに大丈夫なのかしらと、つい考えてしまう。

もっと具体的にいうと、戦後の昭和期とちがい、いまは戦闘的な労働組合や学生運動のような大きな組織など、どこにも存在しない。メディアや大学の力も衰退してしまったし、もちろん政党もね。なにしろ斎藤幸平までが「環境活動家のグレタ・トゥーンベリーさんのような若い世代の中から、新しい感性がでてくるのに期待するしかないのかもしれません」などと弱音を吐かざるをえないような時代なのですから。そんな状態で、斎藤のいうような資本主義システムをまるごとひっくり返すほどの巨大な運動が、はたして実現できるのだろうか。

どちらかというと、いまの私の考え方は森田の「地域、友人のつきあい、個人の私生活」の

「生きる喜び」論の方にはるかに近いと思う。でもね、これからの地球規模の気候変動や自然破壊に立ち向かうには、いずれは「生きる喜び」に加えて、なんらかの新しい運動の「方法」が必要になるのもたしかなのではないかな。

すなわち、斎藤幸平の「面白いお話ができました」と、森田真生の「今日は大いに刺激をもらいました」が、私や私の世代の人間が消滅したあとの世界で、単なる「ごあいさつ」の域を越え、どれほどの深さでつながっていくことになるのか。あえていうなら、それを自分勝手に想像してみるのも、われわれ「もうじき死ぬ」であろう人間に残された、数すくない「生きる喜び」のひとつなのですよ。

＊

――いずれは「生きる喜び」に加えて、なんらかの新しい運動の「方法」が必要になるのはたしかなのではないか。

そのことを軸にして考えると、いまも生きのこっている戦後思想としては、やはり鶴見俊輔に――なかんずく、一九七〇年代のかれの「方法としてのアナキズム」や「石川三四郎」や「なぜサークルを研究するか」（いずれも『鶴見俊輔集9』所収）などの発言に手がかりを求めざるをえないだろう。

そこで再度、「方法としてのアナキズム」論に戻ると、前章で触れたとおり、鶴見はアナキズムを「権力による強制なしに人間がたがいにたすけあって生きてゆくことを理想とする思想」と端的に定義していた。

ただし「思想」といっても、これはトマス・アクィナスの『神学大全』やマルクスの『資本論』とちがって、「人間の社会習慣の中に、なかばうもれている状態で、人間の歴史とともに生きてきた思想」なので、「習慣の中に無自覚の形である部分が大きく、自他にむかってはっきり言える部分は小さい」——したがって厳密な理論や体系などとは肌が合わず、つい大雑把に「権力的支配のない社会」などと理想主義的な信念を大声で口にしたりするので、「そんな中学生みたいなことを言うな」と、まわりの「社会人」諸氏に笑われてしまう。

人間は（おそらく人間以外の動物もそうだろうが）権力によって強制されて生きることを好まない。（略）このように道義感から見て自明のことに思える権力ぬきの助けあいの社会がどうして実現しないのか。このことについての認識が、多くの人に、自分の素朴な道義感のままにアナキズムにむかうことをためらわせる。また若い時にアナキズムを自分の思想としてえらんだ人にとっても、自分の理想が実現しないということのいらだちが、アナキズムをたやすくテロリズムに転化させる。（「方法としてのアナキズム」）

十九世紀の後半から二十世紀にかけて、この「権力ぬきの助けあいの社会」というアナキズム思想の現実化が、大小を問わず世界の各地で企てられ、そのつど失敗をかさねる結果になった。それにしても、なぜこれほどまでに失敗してしまうのだろうか。

いまもいったように、アナキズムというのは、人間の長い歴史をつうじて、その暮らしに「なかばうもれている状態」で生きつづけてきた夢だからです。その夢を、いまこの場で現実の「理想の社会」として築こうとしても、できようわけがない。そのことの失望と苛立ちが若いアナキストを「権力者を肉体的に抹殺する」をめざすテロリズムに追いやり、その一方で、失望と苛立ちを鎮静剤でなだめ、人びとを「きば〔牙〕のない静かなアナキズム」の方向へといざなうことになった。

ただし、そう分析した上で、鶴見は「私が好んでいるアナキズムは、静かなアナキズムだが、きばのないものではない」と念押ししています。

だとすると、その「静かなアナキズム」の「きば＝牙」とは、なにを意味するのだろう。

鶴見もはっきりとは説明していないが、おそらく「権力への抵抗」ということになるのだろう。その「抵抗」という「きば」を捨てずに、権力の及ばない場所（根拠地）で「自分ひとりで、あるいは協力して、単純な生活の実験」をおこなう。そしてアナキズムは、その根拠地を具体的に支えつづける「思想の準備わく」として機能する。それがわたしのいう「きばのある静かなアナキズム」なのだと、どうやら鶴見はそう考えていたらしいのです。

＊

そこで話をさらに拡げると、この「方法としてのアナキズム」論を発表した一九七〇年、鶴見俊輔は「ベ平連（ベトナムに平和を！市民連合）」という反戦運動のまっただなかにいた。そこから推測するに、当時のかれの頭の中では、あの「ベ平連」もまた、「きばのある静かなアナキズム」の実践として意識されていたのではないだろうか。

というのも、ベ平連発足の五年まえ、一九六〇年の安保闘争（日米新安全保障条約反対闘争）のさい、連日の大規模なデモで官邸に封じ込められた岸信介首相が、来日した米国の下院議員をまえに、「国会周辺は騒がしいが、銀座や後楽園球場はいつも通り。私には声なき声が聞こえる」と語った。

するとその発言を受けて、ただちに「誰デモ入《はい》れる声なき声の会」という横断幕を掲げた市民デモが出現した。「誰デモ入れる」というのは、それまでのデモはことごとく政党や労働組合や学生運動などの諸組織が、まえもって周到に準備したものだったから。

対するに、この市民デモの中心にいたのは小林トミというアトリエ教室の先生で、毎回、三百人から五百人の人びとが集まった。つまり「六〇年安保闘争」というのは、戦後日本では最初の、組織外の個人（市民）が自発的にはじめた「きばのある静かな」デモでもあったのです。

しかも小林トミは「思想の科学研究会」のメンバーでもあったので、安保闘争後、鶴見俊輔や政治学者の高畠通敏といった「思想の科学」系の人たちが、いわば個人用のデモ・グループとして、そこに加わることになった。

そして、その五年後――鶴見俊輔・上野千鶴子・小熊英二の鼎談『戦争が遺したもの』によると、一九六五年のアメリカ空軍の北ベトナム爆撃をきっかけに、鶴見と高畠が相談して、いまある「声なき声の会」の活動をさらに拡げ、ほかの小規模なグループにも呼びかけて、社会党や共産党などの既成組織からは独立したベトナム反戦運動を起こそうということになったらしい。そして、そのリーダーとしてふたりがえらんだのが、そのころ人気の頂点にいた『何でも見てやろう』のベストセラー作家・小田実だったのです。

しかし鶴見も高畠も、小田とは一度も会ったことがなかった。それでも「自分となるべく関係のない人を選びたかった」と鶴見。ところが電話をかけたら、小田は即座に「やる」と応じ、その数日後、はじめて三人で会ったときには、すでに最初のデモの呼びかけ文ができていた。だから「偶然に当たったんだよ（笑）。人生には、予測を超えたことが起きるんだよ」――。

そして同年四月二十四日、東京都千代田区の清水谷公園から新橋まで、小田実の「呼びかけ文」がいう「ふつうの市民」たち、一五〇〇人がデモ行進をし、このデモによって「べ平連」が正式に発足する。そこには開高健、堀田善衛、高橋和巳、吉田喜重、久野収、佐藤忠男といった人たちが発起人として名をつらねていた。この年、鶴見は四十三歳、高畠は三十一歳、そして小田が三十二歳。したがって、いまの森田真生や斎藤幸平とおなじ年ごろ。いまにしておどろく。おやおや、べ平連というのは、そんなに若い運動だったのか。

こうした出発からもわかるように、べ平連には「声なき声の会」の空気をそのまま引きつぎ、ふつうの人がだれでも自由に参加できるという、おおらかな原則があった。しかも小さな事務所がお茶の水の外堀沿いにあるだけで、本部と支部という区別すらない。だからどこの土地でも、自由に「べ平連」を名乗ることができた。それどころか、

――べ平連には「何でもいいから好きなことをやれ」「他人のすることにとやかく文句をいうな」「行動を提案するなら自分が先にやれ」という原則があるそうですね。

という『戦争が遺したもの』での小熊英二の質問に、「いや、最初から原則があったとかじゃないんだよ」と鶴見が答えている。「だって、毎週どこかの街でべ平連ができているような状態だったから、統制なんかできなかったともいえるし」「とにかく広がっていったんだよ。（笑）全

国で何万人も、何十万人も広がっていったんだ」

しかし、そんな自由すぎるほどの活動のなかで、新左翼系の学生が事務所で若者を勧誘するとか、殴り込みとか、警察のスパイが潜り込んでいたとか、いろいろ面倒なこともあったらしい。たとえば、べ平連運動の一環として、アメリカ人脱走兵をソ連経由でスウェーデンに送る「JATEC」という地下活動があった。その脱走兵のうちに怪しい男がひとり混じっていて、若い活動家たちは「かれを手放そう」と主張した。でも鶴見の判断はちがっていた。以下、私の『かれが最後に書いた本』から引用すると、鶴見のいわく、

……スパイではないかと仲間を疑いはじめると、その疑心暗鬼が伝染して、孤立したグループ内での陰惨なリンチ事件に行きつく。地下活動にありがちなその流れを断ち切りたい。もしその男が本当にスパイで、そのことでべ平連の運動が壊滅しても、仲間同士で殺し合うよりマシだろう。

現場に立つ若者たちは「鶴見さんの意見は人間的で立派だが、それでは命がけで脱走してきた兵士たちを守れない」と感じたが、自制してかれの判断にしたがった。ところが、その男ともうひとりの脱走兵を北海道の根室で漁船に乗り込ませるべく、運び屋としてレンタカーを運転していた若者が遊びでモデルガンを携帯していた。それに気づいた男が殺されると

思って逃亡し、のこされたほうの脱走兵も米軍の手に落ちる。運び屋の若者も銃刀法違反容疑で警察に逮捕されてしまった。

ここでは「運び屋」としか書いていないが、その正体は、のちに『香港　旅の雑学ノート』(ダイヤモンド社、一九七九年)でデビューするノンフィクション作家の山口文憲。「若者たち」というのは、おそらく二十歳になるやならずの室謙二、吉岡忍、阿奈井文彦といった連中だったのだろう。のちに私もかれらとつきあうようになるが、べ平連の運動とはなんのかかわりもなかった。なにしろ晶文社や雑誌『ワンダーランド』の創刊とか、黒テント劇場による全国興行の準備や演出などでいそがしく、その余裕もなかったのでね。したがって私がべ平連について書くのはこれがはじめて――。

＊

ところが、この「もうじき死ぬ人」という連載をつづける過程で、いま、つまり二〇一〇年代以後の日本で、アナキズム思想への関心が復活しはじめていることを知った。私にとっては、あまりにも意外なできごとだったので、なぜだろう、と寝床で考えていたら、鶴見俊輔に「方法としてのアナキズム」という文章のあったことを思いだし、なおかつ、それが鶴見の「べ平連」活動の時期に重なっていたことに気づいたのです。

――だとするとべ平連には、鶴見俊輔という「隠れアナキスト」の実践的な実験という一面があったのかもしれない。

いまアナキズムというと、『アナーキスト人類学のための断章』や『ブルシット・ジョブ』のデヴィッド・グレーバーとか、その今はなきグレーバーが「私たちは99%だ」というスローガンを寄せた、二〇一一年秋の「ウォール街を占拠せよ」運動とか、そんなあたりが話題の中心になっているらしい。

もちろん、それはそれで新鮮で魅力的なのですよ。

でも、いま働きざかりの人びとが、この先、かれらの子どもたちと共に体験するであろう圧倒的な危機に対応するには、海外の新しい理論や活動に頼るだけでは足りない。できることなら、この国で試みられた理論やお手本（すなわち過去の実験）にも新たな目を向けてほしい。その点で、鶴見のアナキスト論と、その実践例としてのべ平連の活動――なかんずく権力による強制や官僚制を排する柔軟にして多彩な工夫についても、もっと深く検討しておいたほうがいいだろう。ざんねんながら私たち老人にはもうその力はありませんのでね。

12　生きるための読書

あとしばらくすれば私も白い骸骨になり、骸骨の馬に跨《また》がって、あちらの世界によろよろと突進していくことになるだろう。

――とはいっても、まだ何年かはこちらにいるかもしれん。その短い時間をどうやって過ごせばいいのかね。

――なにも考えることないさ。おまえさんのような人間なら、昼も夜も、ベッドに横になって、朦朧とした頭で本を読みながら消えていくしかないのだから。

と、そんななりゆきで『熱風』誌の額田久徳さんと相談し、「もうじき死ぬ人」というタイトルの連載を一年間つづけ、おそらくはこれが最後になるであろう「お祭り読書」の場にさせてもらうことにした。「お祭り読書」というのは、はじめにも書いたとおり、若いころ、まっとうな勉強をサボった私が、ヤング・オールド期に試みた「乱読による短期集中勉強法」の冗談名称なのです。

――だとすると、この連載はエッセイというよりも、自分用の勉強ノートになってしまいそうだぞ。

そう漠然と考え、いや待てよと思った。めったやたらな雑読を中心とする勉強ノートというと、しばらくまえ、どこかで生きのいいお手本に出会ったような気がする。それで思いだしたのが、二〇一七年にでた、ブレイディみかこの『労働者階級の反乱――地べたから見た英国EU離脱』という光文社新書だったのです。

まだブレイディではなかったみかこさんが最初に渡英した三十二年のち、二〇一六年の英国EU離脱（ブレグジット）投票で、彼女の配偶者をはじめ、親しい労働者階級の隣人たちの多くが、それまでの労働党支持をやめて賛成側にまわり、三年半後の離脱が決まった。

「えらいこっちゃと思った」とブレイディさん。なぜこんなことになったのだろう。「わたし」にも皆目わからない。ただ、この現象を外から眺めている人たちとちがって、ブライトンの労働者階級の居住域で暮らす移民の「わたし」は、それを現今のドナルド・トランプ流ポピュリズムと同質のものとして考えることはできないし、したくもない。「なぜならわたしは、これまでも、これからも、彼らと一緒に生きていくからだ」というのです。

そんなわけで、よく理解できない事柄に出会ったときに人類がせねばならないことを、いまこそわたしもしなければならない、と思った。勉強である。

英国の労働者階級はなぜEU離脱票を投じたのか、そもそも彼らはどういう人々なのか、彼らはいま本当に政治の鍵を握るクラスタ（集団）になっているのか、どのような歴史を辿《たど》って現在の労働者階級が形成されているのか——。学習することはたくさんあった。この本は、その学習の記録である。（『労働者階級の反乱』）

そこで英国の労働者階級の「いま」については、公共政策学者ジャスティン・ゲストの『ザ・ニュー・マイノリティ——移民と不平等の時代の白人労働者階級政治』（オックスフォード大学出版局、邦訳は『新たなマイノリティの誕生』弘文堂）を、そして二十世紀初頭にはじまる労働者階級の「歴史」については、歴史学者セリーナ・トッドの『ザ・ピープル——イギリス労働者階級の盛衰』（みすず書房、二〇一六年）を中心に、ノートをとりながらの英語や日本語による読書がはじまった。

しかも読書だけではない。さらにそこに、テレビや新聞やインターネットなどのメディア情報、さまざまな世論調査、新旧のドキュメンタリー映画、労働者階級出身の「怒れる若者たち《アングリー・ヤングメン》」の演劇やパンクロックなど――それに加えて近所の「おっさん」たちへのインタビューや自身の日々の体験などが、それこそ「めったやたら」に重なっていく。この遊び方というか、なりふりかまわない勉強のやり方こそが、私のいうところの「お祭り読書」なのです。

ちなみに一九五六年、まだ若かったジョン・オズボーンの『怒りを込めてふり返れ』という戯曲の衝撃的な出現に背中を押され、それまでは社会の底辺にいた、演劇をはじめ、文学、映画、音楽、ファッションなど、さまざまな文化領域での労働者階級出身の若者たちの活躍がはじまる。「アングリー・ヤングメン」というのは、その運動にジャーナリズムが与えた名称だった。つまりは「怒れる若き労働者階級」の反乱ですな。そんな激しい時代が、六〇年代から八〇年代までの英国にはたしかにあったのです。

ついでにいうと、この『怒りをこめてふり返れ』の木村光一演出による日本での初演（文学座）が一九六五年。その舞台を見た私は岸田森と草野大悟という、いまは亡きふたりの新人俳優の演技に感嘆し、それが縁になって、かれらと共に六月劇場という小劇団（やがて佐藤信、斎藤憐、串田和美、吉田日出子、清水紘治たちの自由劇場と組んで劇団黒テントになる）をはじめることになった。いやその一年まえに、おなじくアングリー・ヤングメンの劇作家、アーノルド・ウェスカーの『ウェスカー三部作』という戯曲集が、やはり木村さんの翻訳で晶文社から刊行されている。じつはそれが二十六歳の私が編集したはじめての本だったのです。

そして、この「若き労働者階級の反乱」のただなかで、ビートルズ、ローリング・ストーンズなどのブリティッシュ・ロックが誕生し、七〇年代の終わりごろからの、セックス・ピストルズをはじめとするパンクロックの時代につながっていく。

そうした時代にまだ十九歳だったみかこさんはパンクロックに入れあげてイギリスに渡った。そんな過去があったので、ブレグジット騒動をきっかけに、これまで親しくつきあってきた同世代の隣人たちのうちには、いったいどんな体験が蓄積されてきたのだろう——そんな関心を彼女がいだくことになったのは、ごく当然のなりゆきだったのです。

そしてこの疑問を解くべく、アカデミックな研究書を軸に雑多な情報をかきあつめ、できるだけ短い時間でいそいで勉強してしまうことにした。ただし学者や研究者ではなく、ひとりの移民生活者の頭脳でね。つまりは研究や教養や遊びやビジネスのための読書とは別の、この地でコモン・ピープル（ふつうの人たち）のひとりとして暮らしていくための実用的な読書——その私的なノートを、そのまま小さな本にまとめておくことにした。それがこの『労働者階級の反乱』という新書だったのです。

＊

むかしは私も編集者だったので、よくもこんな私的な勉強ノートを商品として出版できたな、と最初はいささか異様に感じた。

でも考えてみると、こうした「勉強」や「学習」という学校語の脱学校的な使い方は、とくにめずらしいものではない。現に私の旧著『したくないことはしない――植草甚一の青春』（新潮社）にも引いた、散歩と雑学の人、植草甚一の「勉強」という語のこんな使い方――。

こんどは丸善へ行って小型だが上等なクロース・カバー製ノート・ブックを買ってきた。買ったレコードの演奏メンバーや曲名を書きこみながら勉強するのが、とても面白くなったからである。

「勉強」とは、もともと「一所懸命はげむ」という意味なので、かならずしも制度化した学校教育だけが専有する語ではない。

植草さんの場合でいえば、ジャズ・レコードにかぎらず、『雨降りだからミステリーでも勉強しよう』という著書のタイトルからもわかるように、外国の前衛小説やミステリー小説を読むときも、まめにメモをとっていた。映画もそう。たまに同行させてもらった試写室でも、かならず小型のノートと鉛筆を手にスクリーンに向っていた。つまりね、学校の成績とは無縁になったのちも、植草さんは、かれがいうところの「勉強」をやめようとしなかったのです。

そしてその点はブレイディさんもおなじ。いまもいったように、彼女は福岡の県立修猷館高等学校を卒業してまもなく、パンクロックに魅せられてイギリスに渡った。したがって大学教育は受けていない。それでも慣れない土地で移民として生きていく必要から、じぶんなりのやり方での勉強にはげみ、その習慣が、やがて彼女に『労働者階級の反乱』という小型の勉強本を書かせることになった。

ただしいまの時代、こうした脱学校的な読書をはじめたのは彼女だけではない。おそらくはかなりの数の人が、それぞれの生き方に沿って、じぶんなりの、型にはまらない「生きるための読書」を試みているにちがいない。そんな例をもうひとつあげておくと、ブレイディさんの本と前後して近所の書店で見つけたのが、頭木弘樹という未知の人の『絶望読書』（飛鳥新社、二〇一六年）という本だったのです。

頭木さんは筑波大学の学生だった二十歳のときに潰瘍性大腸炎という難病にみまわれ、この先、どのように生きていくかもわからないままにカフカの『変身』を読み、それをきっかけにドストエフスキー、太宰治、カーソン・マッカラーズ、金子みすゞといった人たちの「絶望の本」を読むようになった。つまり「この人（＝頭木さん）は『私はこうやって難病を乗りこえた』式のポジティブな本じゃだめらしいのね」と、のちに私はある座談会で語ったことがある。

……自分の絶望的な状況に合わせて本を読み、読みながらいろいろ経験を重ねていく。ふつうの絶望とのたたかいとは違うけどね。そして、そうしているうちに、いつしかゲーテや森鷗外の「希望の本」も読めるようになっていた。いってみれば、その記録なんだけど、最近読んだ本では、これが一番良かったな。だからやっぱり「勉強」なんだよ。教養主義的読書ともエンタメ読書とも違う、新しい読書のスタイルだと思う。(『本はどのように変わっていくのか』編集グループSURE、二〇一九年)

いまから半世紀まえ、一九七〇年代の終わりごろから大学生がしだいに「かたい本」を読まなくなった。そんな流れのなかで「活字ばなれ」という新語が生まれ、今世紀に入ると、インターネットの圧倒的な広がりもあって、本を読まない人たちの数がますます増えて現在にいたる。その結果、『熱風』誌の二〇一九年一月号で、「読書の未来」というロング・インタビューを受けたさい、「……力のある書き手がいて、二十一世紀、つまり今ですが、その人たちの本を読む人がいるのでしょうか」という質問を受けた。

でも私のような出版人上がりの人間としては、「いないでしょうな、たぶん」などと、軽くいなしてすますわけにはいかない。そこで、すこしムリをして「いや、けっこういると思いますよ」と答え、その実例として挙げたのが、当時はまだ、さほどは知られていなかったブレイディさんや頭木さんの名だったのです。

本を読む人間が減ったといっても、新しい小説や軽めのエッセイ、あるいはマンガ――つまりは「やわらかい本」を読む者の数は、いまも減ってない。むしろ増えているといってもいいだろう。ところがそれに反して、重い小説や評論や哲学や歴史などの「かたい本」を読む人間の数が、あっけにとられるほどの速度で減っている。大学に行こうと行くまいと、私の世代の「読書する人間」は、「やわらかい本」だけでなく、程度の差はあれ「かたい本」を読むことにも慣れていた。とうぜん私もね。そして、その分だけ、いまの社会で「かたい本」の存在感が薄れつつあることを残念に感じてしまうのです。

――とまあ、いったんは、そう思っていたのですよ。でもこの連載をつづけるうちに、こうした変化の一方で、ますます息苦しくなる世界に押し潰されずにいるための読書――つまりは「生きるための読書」とでもいうべき新しい習慣が定着しはじめていることに気づいた。しかもこの習慣は、すでに指摘した「書斎や研究室で本を読むだけでなく、生活の場で、じぶんの心身を柔軟に使って考える研究者が増えてきた」という現象と、対《つい》をなしているらしい。

いいかえれば、本を書く者と読む者とのあいだに、これまでとはちがう性質の対話が生まれ、私たちの社会と文化のありようが変化しはじめた。その気配が感じられる。そして、その気配のなかで「ややかたい頭」の私や私の世代の連中が順々に消えていく。つまり事態はそういうことでもあるようなのです。

*

そこで、もういちどアナキズムについて——。

じつをいうと私は、この連載をはじめるまで、アナキズムについて、こんなに長々と書くことになるなどとは思ってもいなかったのです。

ところが連載を開始し、いろいろ新しい本を読むうちに、いちどは忘れられたアナキズム思想への関心が、日本だけでなく国際的な広がりで再生しつつあることを知った。最初はね、「ほんとかよ」と思いましたよ。つまり私にとってさえ、アナキズムは、いつのまにかそれほど遠いものになっていたのです。

それにしても、とうのむかしに伝説と化し、極端にいえば、ほとんど死にかけていたアナキズムが、いまなぜよみがえってきたのだろう。

そこで、いつもながらの「お祭り読書」にとりかかり、既述の、アナキズムとは「権力による強制なしに人間がたがいに助けあって生きてゆくことを理想とする思想」なのだ、という鶴見俊輔の定義に行きついた。「権力による強制なし」という以上、「大きな革命」か「小さな日常」か、という選択をせまられたら静かに後者をとる。「小さな日常」を具体的にいうと「地域、友人のつきあい、個人の私生活」など。ただし、どんな程度でも「抵抗」という「きば」は捨てない。それがアナキズムという思想なのだという定義ですね。

たとえば、しばらくまえコロナ流行下でよみがえったアルベール・カミュの小説『ペスト』に、「保健隊」というボランティア集団がでてくる。この対ペストの保健隊は、小説では「孤立して生きる人たちの矛盾だらけの弱々しい小さな連帯《ソリダリテ》」として登場していた。つまり「地域、友人のつきあい、個人の私生活」という日常が、気がつくと、そのまま「弱々しい」抵抗グループになっていたのです。

したがって「権力による強制」なし。出入り自由で、締め付けのきつい組織とも無縁の小さなグループがあちこちに散らばっている。そんな感じですね。そういえば前章で触れた鶴見さんたちの「べ平連」もまさしくそうだった。

ついでにいうと、いまはあまり聞かなくなったけれども、しばらくまえまでは、この国でも「運動(ムーブメント)」という語がさかんに用いられていた。政治でも芸術でも学問研究でも、なんであれ、おなじ目標をもった人びとが自発的に集まって活動し、とりあえず当初の目標を達成できたと思った辺りで一応のおしまいにする。それが「運動」ですね。

したがって、集団は集団なのだが、終わりなき持続を旨《むね》とする国家や政党や宗教団体とちがい、多くの場合、「運動」という活動には終わりがある。持続といっても、多くは十年から三十年くらい。二十世紀の芸術でいえば、たとえばシュルレアリスムやヌーヴェルヴァーグ映画の運動。あるいは往年の私たちのアングラ（アンダーグラウンド＝地下）演劇とかね。たとえべ平連のような政治的運動であっても、一九六五年のアメリカ空軍の北爆（北ベトナム空爆）にはじまり、八年後の一九七三年に和平が決まったのち、ただちに解散している。

要するにアナキズムは、終わりなき権力の持続に執着する国家を拒むからには、どうしても、なんらかの終わりのある「運動」という形をとらざるをえないのです。そんな「きば」を持った小規模な「運動」がいくつも網の目状につながり、やがてその形がくずれ、それがまた別の組み合わせでよみがえる。そのゆるく変化するつながりこそがアナキズムなのではないか。この連載をつづける過程で、いつしか私もそう考えるようになったのです。

＊

ただし、いかに「孤立して生きる人たちの矛盾だらけの弱々しい小さな連帯」といっても、いまのインターネット世界で、そうした「小さな運動」の「網の目状のつながり」をつくるというのは、そう簡単ではないかもしれない。

それにくらべると、インターネット以前の、つまりインターネットの力がさほど強くなかった二十世紀末までは、かならずしもそうではなかった。もちろん難しかったのですよ。でもいまほどではなかった。それに難しさの質がいまとはちがっていたしね。

それを私の体験でいうと、私は二十代から六十代まで、本や雑誌の編集（新日本文学・晶文社）、演劇（六月劇場・黒テント）、大戦後の日本人が敬遠していた東南アジアの音楽や演劇との接触（水牛楽団・水牛通信）、そして、まだ先がまったく見えなかったデジタル文化への積極的な関与（『季刊・本とコンピュータ』）など、常時、五十人以上の人間がかかわっていた黒テント興行を除くと、たいていは十人ほどの仲間とともに、繰りかえし、いくつかの活動を試みていた。そして、これらの活動のひとつひとつが、いまにして思うと、じぶんたちをとりまく厚い壁の外に飛びだそうとした点では、まぎれもない「小さな運動」――いわば「もうひとつの革命」だったのです。

しかし、ここではそのすべてに触れている余裕がないので、代表として黒テント興行についてだけ述べておくと――。

いまの人には想像もつかないだろうが、私が出版と並行して演劇にかかわりはじめた一九六〇年代の後半には、関東大震災の直後に発足した築地小劇場の流れを汲む俳優座・民藝・文学座という三つの大劇団が、全国「労演」（全国演劇鑑賞団体連絡会議）という左翼系の鑑賞団体と組んで、事実上、地方（つまり東京の外）での新劇公演をひとり占めしていた。なにしろ、どこの街に行っても劇場はおろか公共の文化会館すらない貧しい時代でしたからね。私たちのような無名の小劇団がでかけて行ったところで、演じる場所もなければ観客の確保もおぼつかない。その厚い壁を最初に自力で越えたのがふたつの移動劇場——唐十郎たちの紅テントと私たちの黒テントだったのです。

これとおなじころ、岡林信康・中川五郎・高田渡・友部正人、大塚まさじたちの関西フォークのグループや、山下洋輔・坂田明・菊地雅章をはじめとする若いジャズ・プレーヤーたちも、演奏可能の空間と聴衆を求めて、やはり自力で地方をまわっていたので、ときおり途中ですれちがい、めいめいの情報を交換したりしていた。そればかりではなく、関西フォークの面々が中津川のフォークジャンボリーに黒テントで乗り込むとか、のちに「西武・そごう」の渋谷店になった大きな空き地に紅テントと黒テントを並べて建て、あいだに設けた仮舞台で菊地雅章たちが演奏するとか、まあ、いろいろやっていたのですよ。

当時、黒テントの旅には、公園や河川敷や大学構内といった公共の空間を、できるだけタダで使わせてもらおう、という決まりがあった。そしてもうひとつ、でかけて行った先の人たちとはそのつどサシで話し合い、「労演」式の全国的な観客組織のように大きな仕組みはつくらないという、いわず語らずのルールもね。

　そして私や俳優たちを中心とする十数人のメンバーが手分けして、アメリカ占領下の沖縄から北海道の網走まで、多くの街をまわって歩き、第一回公演の『翼を燃やす天使たちの舞踏』は全国で約七十か所、そのあとも二十から四十ほどの土地にテントを張ることになった。そんな旅を繰り返しやっていたので、むかしの行商人のように、ある都市の最新文化情報をすぐに隣りの都市に伝えるといった「つなぎ」の役なども、大いに楽しんでやっていたのです。

　こうしたテント興行のはじまったのが一九七〇年の秋。そして鶴見さんの「方法としてのアナキズム」が『展望』に載ったのが同年の春。このアナキズム論は私も読んだが、べ平連とちがって、直接の影響は私たちの旅興行には及んでいない。

　それでも、あのころの黒テントや関西フォークやモダンジャズの連中が、各地にできた新しい友人たちとつくっていた「ゆるい網の目状のつながり」には、鶴見さんのいうアナキズムに近い面が、かなりつよくあったような気がする。つまりはそこにも、さしたる自覚もないままに、ある種のアナキズム現象のごときものが、ごく自然に生まれていたのです。

　いまにして思えば、あの背後にあったのは、やはり貧しさだったのだろう。すでに高度経済成長がはじまっていたとはいえ、六〇年代末のこの国では、地方都市はおろか、東京にさえ、若い劇団が自由に使える劇場はないに等しかった。となれば、商店街のビルの地下や喫茶店の二階を改造した小劇場など、クセのつよい空間をじぶんたちでつくるしかない。もとよりテント劇場もそのひとつ。当時の日本はまだその程度には貧しかったのです。

そして、このあとを大急ぎでいってしまうと、その貧しさを逆手にとって、従来の「新劇」的なリアリズム演劇とは異なる、いわば反リアリズムの新しい現代演劇が生まれてくる。それが「アングラ（地下演劇）」ですね。ただし自称にあらず。聞くところによると、どうやら、とつぜん出現した「新劇とはちがう新しい現代演劇」をどう呼ぶかで悩んだマスコミが、いつしかそう呼ぶことにしたらしい。

ついでにいうと、こうした現代演劇のアングラ化は日本だけに生じた現象ではなかった。おなじころ、アメリカ合衆国や東欧をふくむヨーロッパ諸国でも、多くの都市で、さまざまなタイプの貧乏劇場《プアー・シアター》が、さかんな活動をはじめていた。しばらくまえの英国の「アングリー・ヤングメン」運動の影響もあったのだろう。つまるところ七〇年代というのは、この「小さいことはいいことだ」という若者たちの呼びかけが、世界的に拡がった時代でもあったのです。

＊

と、ここまで書いてきて、ようやく気がついた。

ついさっき私は、半世紀まえとちがって、いまの時代に「小さな運動」を実現するのはむずかしいかもしれないと書いた。でも、あれはまちがいだったな。いかにも一九七〇年代の私たちの場合はテント興行というやり方だったが、いまは「小さな日常」に支えられた「権力による強制なしに人間がたがいに助けあってゆくことを理想とする思想」（鶴見）が、さまざまな地方や地域で、往年の私たちよりも、はるかに地についたしかたでよみがえっているのだから。

その証拠にというか、しばらくまえ、近所の書店で宇野重規《しげき》と若林恵《けい》の『実験の民主主義』（中公新書、二〇二三年）という対話本を手にとった。宇野は東大教授の政治学者。若林は黒鳥社という多角的な出版社（？）の創立者にして、最先端のデジタル文化の思想家。というか、私たちの時代でいえば、さしずめインターネット時代の剛腕オルガナイザー（運動組織者）といったあたりかな。

読んでいろいろ感じたが、すでに枚数がつきた。そこで、ここでは著者たちの以下のやりとりだけを、いそいで引用して終わりにします。まずは若林から――

……検索やChatGPT、画像生成ＡＩの面白さは、それが固定的ではなく、むしろ非常に儚《はかな》いものだという点にあるのだと感じます。というのも、検索したり、画像を生成させるたびに違う結果が出てきたりして、非常に流動的で、生成的です。ところが、そうした特性を考慮せず、本質論や定義を探すマインドセット（考え方の癖）でそれと向かい合ってしまうと、おかしなことになってしまいます。今後インターネットやＡＩが社会を形づくっていくことになるのだとすれば、私たち自身が、それらの原理に即したスタンス（構え）や思考回路を身につけていく必要があるように感じます。

――ううん、むずかしいなあ。

と、そう思ったのは、あなたではない。もちろん私です。では、なぜ私にはわかりにくいのか。それには明白な理由があった。

憶えている方もいるだろうが、二十一世紀のはじめ、二〇〇七年に、アマゾンの電子本リーダー「Kindle」が登場し、世界的規模での「電子本元年」騒ぎになった。そしてこれを境に、前世紀の七〇年代から九〇年代にあった多彩なデジタル文化革命の夢が、まるごと大手デジタル企業の独占的プラットフォームに呑みこまれていく。「大きいことはいいことだ」の再登場。じつはこのとき以降、私はインターネット文化の未来と親身につきあうことから降りてしまったのです。その二年まえに『季刊・本とコンピュータ』という雑誌をやめてしまっていたこともあったしね。

そんなしだいでChatGPTや画像生成ＡＩはもとより、メタバースやZoomのネット会議などについても、いまだに、なにひとつ知らない。というか、それらに頼らずに生きるべくつとめてきたのです。そんな偏屈な前世紀人として十数年を過ごしたので、この本で若林が論じるファンダム（ファン集団）の社会運動的な解釈に接し、よくわからないままに、いささかならずおどろかされた。「ふぅん、オレたちはテント芝居だったが、いまの連中はファンダムでいくのか」とね。

それに加えて、宇野の、「実験」をなによりも重んじるプラグマティズムの哲学を、「みんなが絶えず実験をしながら、問いを探していく社会」と読み替えてみよう、という呼びかけにも、つよい印象を受けた。

〔若林がいうように〕旧来型の政党モデルが機能しなくなっていくなかで、ファンダムのような組織から新しいクラブや政党が生まれ出てくるまでは、おそらくもうしばらくは時間がかかりそうですね。それまでは一人のカリスマが牽引するような組織のあり方が、しばらく続くのではないかと予測します。その間をどうつなぐのかがいまの課題ですね。

プラグマティズムの実践も実はそういうものなのです。プラグマティズムで世の中のすべてがうまく回るかというと、そうではない。きわめて見通しの悪い時代において、たくさん実験して、そのなかの相互影響や習慣化を通じて、少しずつ意味のある変革の効果を拡大していくというアイデアですから。

第二次世界大戦の直前、ハーバード大学でプラグマティズムを学んだ十八歳の鶴見俊輔は、そこで得た「マチガイ主義」という考え方（絶対的な真理などない。私たちはマチガイを何度も重ねながら、マチガイの度合いの少ない方向にむかってすすむのだ）を、終生、捨てようとしなかった。

それについてはすでに何度か触れたが、ここで宇野のいうプラグマティズムの「実験」思想（みんなが絶えず実験をしながら問いを探していく）というのも、この「マチガイ主義」が産んだ思想の一つと考えていいのだろう。

そして若林によると、「デジタル空間においては、大きいトランザクション（商取引。これまた私は知らなかったが、IT用語としては『ここからここまででワンセット』という処理の単位を意味するらしい）が生まれることよりも、無数の小さなトランザクションが生まれることのほうが重要だ」と、かれの信頼する思想家（不明）が語っているのだとか。若林は一九七一年生まれ。したがって、この連載の「お祭り読書」に登場してもらったミレニアル世代の研究者たちのすこし上。でもまあ、おなじ世代といっていい。

とすると、この「無数の小さなトランザクション」にしても、鶴見がいう「小さな日常」と同等のものと考えることができるのではなかろうか。

前章の「隠れアナキスト・鶴見俊輔」で、斎藤幸平と森田真生の対談を取り上げた。いってみれば前者を「大きな革命」派、後者を「小さな日常」派の代表として。しかし、そこでも指摘したように、かれらの対立は幸いにして私たちの時代のそれ——つまり主義や信仰や理論のぶっ叩き合いや潰し合いとはちがう。もちろん殺し合いともね。

私や私の世代がいなくなったのち、かれらはその子や孫たちと共に、気候変動、自然破壊、核戦争、感染症、経済格差など、かつて人類が体験したことのない宇宙規模の危機に直面することになるだろう。二十年後？　四十年後？　いずれにせよ、それに対処するにはなんらかの新しい「運動の方法」が必要になる。そこに向かって、いま各地・各層・各ジャンルの、おおぜいの人たちが歩きはじめているらしい。

そのことに気づくセンスを、私は、この一年間の連載で、いくらか身につけることができたようである。と同時に、私と私の世代が、期せずして、これまでにない大きな歴史の曲がり角で消えていくことになった、ということもね。

かといって、そのことで私や私の世代の消滅を劇的にとらえようとしたいわけではない。むしろその反対。もしもこの連載がなかったら、かならずや私は孤立した過去のうちに閉じこもり、私とは無縁の未来のことなど、まったく考えずに消えていったにちがいないのだから。つまりはじぶんたちのみならず、あとからくる人たちへの信頼もなくしたままにね。そうならずにすんでよかった。まあ、そういうことです。

付記　階段からの転落とその後

昨二〇二三年の暮、『熱風』の連載が本になって新潮社からでると決まり、急いでそのための書き直しの作業にとりかかった。

ところが新年を迎えてまもなく、思いもしなかったできごとが私の老いたからだを襲った。つまり二月七日の夜中に自宅の階段の三段目で脚を踏みはずし、背中から真っ逆さまに転落してしまったのです。そのまま気を失い、翌朝はおろか、ふたたび夜になっても意識が戻らず、あわてて妻が呼んだ救急車で、さいたま新都心の赤十字病院に運ばれたらしい。

そして、それから三か月がたった五月七日に退院。すぐに少数の友人と仕事の中断で迷惑をかけた人たちに報告のメールを送った。退院とはいうものの、転落や手術で衝撃をこうむった脳の具合がまだぼんやりしていたのでね。おかげで、まちがいもいくつかあるが、その「退院の挨拶」という報告を、そのままここに載せておきます。

長いあいだ、お知らせもせず、申しわけない。今日、ようやく退院して家に戻ってきました。

じつは二月七日の夜、自宅の階段を上ろうと二段目に脚をかけたところで、仰向けに転倒してしまったのです。そのまま妻（鈴木百合子）の呼んだタクシーに乗せられ、さいたま新都心のさいたま赤十字病院にはこばれて（このあたりで意識がなくなった）、ただちに頭の手術がほどこされたらしい。

そのあと一週間ほどは何が起こったか、じぶんがいまどこにいるかもわからず、文字どおり悪夢まみれのせん妄状態がつづいた。その後も、やっと正気を取りもどすまで一か月ほどかかった。さらに肺炎を起こして一か月——。

そして、こんどは北浦和の埼玉メディカルセンターでリハビリテーションを一か月ほど。ようやく退院したのが転倒から三か月後の五月七日で、この間に私は八十六歳になった。

しかし、いまの私にはまだ、この間の体験について詳しく語る気力や体力がない。とりあえず私の現状についてだけ、ざっと報告しておくことにしました。

○脳卒中や脳梗塞でこそなかったが、手術のさい、なんらかの脳への衝撃があったらしく、①杖をついて歩くと、ふらふら目まいがして危ない。②文字は読めるし、意味もわかる。なのに、おなじことばを手で書いたり口で話したりはできない。そんな失語症状態がつづいている。

○この状態を正式には「廃用症候群」というらしい。病床で長く寝ている老人によく起こる症状で、床をはなれ、生活が正常化するにつれて回復するのだとか。でも、この見通しを私はさして信じていない。目まいのほうは一応おさまりつつあるので、まア、それだけでもいいや、と思っています。

○もちろん、こうした状態で文章を書くのがしんどいのは事実です。ただし失語状態を強いられるのは、この「挨拶」の場合でいえば、「さいたま赤十字病院・埼玉メディカルセンター・リハビリ・脳卒中・失語症・廃用症候群……」といった名詞が多いのでね。これが動詞や形容詞にまで広がったらお手上げだが、いまのところは、なんとかなりそう。

○それよりも、むずかしいのは文章のリズムかな。せめて旧著『最後の読書』程度には大人っぽく仕上げたい。そう思ってはいても、あせったり、調子がよすぎたりで、はたして生きているうちにじぶんの頭脳を整理し、おだやかに書くことができるようになるのかどうか。まア、やれるだけやってみるしかないのでしょうがね。

——といった次第で、しばらくは、こんな状態で暮らすことになるでしょう。

三か月まえに倒れるまでは、スタジオジブリの雑誌『熱風』に連載した「もうじき死ぬ人」の書き直しをしていた。このあと、まずはその作業を終わらせてしまいたい。たぶん連載とはかなりちがう文章になると思います。

よかれあしかれ、この壊れた体と頭で、この先、どう生きていけばいいのか、だいたいの感じはつかめたように思うので、なにとぞご心配なく。

浦和にて　津野海太郎　二〇二四年五月十日

じつをいうと、この「退院の挨拶」には、じぶんの脳が以前のようにきちんと活動しているのかどうか、身近な人たちに読んでもらい、かれらの反応を見た上で判断することにしよう、という意図が隠されていた。退院とはいうものの、あのころはまだ、そうした不安が消えずにいたのです。

＊

こうして知人たちに読んでもらった結果、文章のできはとりあえず合格だったようだが、のちに読んだ妻と娘のノート（つまり彼女たちの記録）と比べると、それが「退院の挨拶」（こちらは私の記憶）とは大きく食いちがっていたことがわかる。

たとえば、この「退院の挨拶」の冒頭には、階段の二段目から転落し、そのまま妻の呼んだタクシーでさいたま赤十字病院に搬送され、「ただちに頭の手術がほどこされた」としるされている。

でも実際には、これは私の混乱した記憶で、妻や娘がつけていたノートの情報とは明らかにちがっているのです。小生が転落したのは階段の二段目ではなく三段目からで、翌日の夜、タクシーではなく救急車で病院に搬送され、「頭の手術」ではなく折れた骨と肺の手術がおこなわれたのですから。

こうした認識の狂いからもわかるように、入院していた三か月間、私のアタマは、わけのわからん混乱に一方的に翻弄されていたらしい。それにしても、この年齢になって、私のような「かたい頭」の人間が、こうした脳の混乱にあっけなく巻き込まれてしまうとはね。そんなこと考えもしていなかったので、いささかならず泡を食ったのです。

そして、それゆえに私は「退院の挨拶」に「何が起こったか、じぶんがいまどこにいるかもわからず、文字どおり悪夢まみれのせん妄状態がつづいた」などとしるしてしまったのだろう。

本来、私は「悪夢」や「せん妄」などという、おどろおどろしい語を好んで用いるタイプの人間ではない。だいいち「せん妄」にしても、漠然とした感じくらいはわかるが、正確にどういう意味なのかも知らなかったのですから。なのに、そんな病い（らしきもの）のかけらが、手術の直後に見たらしい私の夢に強引に割り込んできたのである。

――どこかはわからないが、一九六〇年代の池袋西口の駅前広場を思わせる澱んだ空間を、何百人もの男の老人たちがのろのろと進んでいく。そんな陰気な行列を、手前の高台に陣取った一群の老女たちがゲタゲタ笑いながら見送っている。そして私はといえば、このお化け老女どもが住みついた高台の下のあたりに潜《ひそ》んでいるらしい。それにしても、おれはいま、なぜこんな場所にいるのだろう。行列がすすむ方向に見える日本家屋の暗い玄関の奥に、どこかの国の間諜が潜んでいて、そいつをひそかに追いかけているようなのだが……。

そして、まもなくこんなイヤな夢から這いだし、見知らぬ病院のベッドにゴロンと横たわっているじぶんを発見した――ということであればめでたいのだが、このたびの私の場合は、いつどこでどのように目覚めたのかもわからず、数日後、その悪夢をずるずると引きずったまま現実の世界に戻ってきてしまったのです。

　ざっといってしまうと、病気や手術や薬剤の副作用（私の場合は階段落下も）など、強度のストレスによって引き起こされる精神障害の一種。それが「せん妄」なのだとか。そして、さきにも述べたとおり、私のような入院中の高齢者は、いとも簡単に「せん妄」の魔に取り憑かれてしまうらしい。

　もうひとつ、やはり病院で体験した「せん妄」の例を挙げておくと、入院から一か月がたったころ、肺の病いが悪化して看護師センターに隣接したガラス張りの病室に送り込まれた。

　そこで某日、看護師さんたちと他愛ないおしゃべりをしていると、いつの間にか、ガラス壁のずっと向こうに畳と襖《ふすま》の広い部屋が出現し、そこに病人の家族や知人らしき男女が出たり入ったりして、ときに激昂しながら、なんだか陰惨な話を長々としているのが見えた。おわかりでしょう。つまり看護師さんたちと陽気に笑い合いながらも、私はといえば、その一方で実際には存在するはずのない人間たちを見たり、あるわけがないことがらをなまなましく体験させられているのです。

　あと困ったのが、病院のボスらしきお医者さんが、なぜか、さきほど述べた「どこかの国の間諜」の親玉のごとく思えてしまったこと。どうやら私の運命を握ったかれの背後には正体不明の企みが隠されているらしい。とまァ、そんな幻覚や妄想に取り憑かれて、ともすれば周囲の人びとを困らせてしまったりする。

もちろんこの「周囲の人びと」のうちには見舞いにきてくれた妻や娘もふくまれる。こんど入院してはじめて知ったのだが、コロナ禍以後の病院では、家族や知人の見舞いは廊下の片隅に設けられた小さな空間で、しかも十五分きっかり、というきびしい決まりができているらしい。したがって「お見舞いの方が見えました」と告げられると、病室を出て、その小空間まで杖をついて歩いていく。そして、いくつか置かれた椅子に坐って話をするわけだが、なにせ十五分ですから、じっくり話をすることなどできようわけがない。

しかも私の側は、いくらか目覚めはしたものの、依然として、なかば幻覚や妄想にとりつかれた人間でもあったのでね。そんな私と、私が間諜視している医師にいつも相談しているらしき妻たちとのあいだで、まともな会話を交わすことなどムリに決まっている。なによりも妻や娘が私を見る目の表情から、私の話をまったく信用していないらしいことが、ひしひしと伝わってくる。おかげで当方の心も揺れに揺れざるをえなかったのです。

＊

これまでに私が「せん妄」という語を使ったことなど一度もなかったし、その正確な意味すら知らなかった。それでもまったく関心がなかったわけではない。というのも、私は二〇一三年、七十五歳のとき、深夜に急性胆嚢炎で七転八倒し、じぶんの住む町の市民病院にかつぎ込まれて、ただちに入院した。じつをいうと私にとっては、これが臍の緒切ってはじめての入院だったのです。

ただし戦後、若い叔母が心臓の病いに苦しんでいたので、小学生のころには、母に連れられて東大病院をはじめとする大病院に何度も通っていた。

そして、そのずっとのち、七〇年代の後半に病院にコンピューターが導入され、集中治療室をはじめとする最新の先端技術の導入によって、検査や治療の手法や病院システムがガラリと変貌してしまう。しかし、いまもいったように、それまでの私は病院には行っても、じぶんが入院したわけではなかったのでね。戦前からつづく古い病院が改造されたのち、新しい病院で入院という特殊な日常がどのように変化したのか、なにひとつ知らないままだったのです。

そこで、はじめての入院をするための参考書として、当時の現役作家たちが書いた入院記に頼ることにした。そうして読んだのが、後藤明生『メメント・モリ』、古井由吉『小説家の帰還　古井由吉対談集』、澁澤龍彦『都心ノ病院ニテ幻覚ヲ見タルコト』、三木卓『生還の記』、安岡章太郎『酒屋へ三里、豆腐屋へ二里』、日野啓三『断崖の年』などの本だった。

それにしても、なぜあの時代の作家たちは、あんなにもそろって入院記を書くことになったのだろう。いまにして思えば、かれらだけでなく編集者や読者の側にも、病院という施設の急激な変貌ぶりへの不安まじりの関心が、かなりつよくあったんじゃないかな。そしてそれはまた、その四十年ほどのち、生まれてはじめて入院生活をすることになった私の抱いた不安でもあったのです。

いま書き並べた書名のリストは、『百歳までの読書術』という自著から引いてきたもの。では、なにゆえに私は、こんなに古いリストを持ちだしてきたのか。なによりも「せん妄」の語に関連して、澁澤龍彥の『都心ノ病院ニテ幻覚ヲ見タルコト』という本の以下の一節を、ぜひとも読んでいただきたい。そう思ったからです。

あるときは、インドのカジュラホかエローラの寺院の浮彫のように、半裸の男女がごちゃごちゃとからまり合っているかと思うと、急に場面が変って、猥雑な東南アジアか香港あたりの市場のような風景になったりする。それでも、ごちゃごちゃと人間が密集し雑踏していることに変りはなくて、彼らは口々に何か叫んだり笑ったりしている。すると、また急に場面が変って、今度は江戸時代の錦絵の中の相撲とりのような、畸形的にふくらんだ肉体の男どもがぞろぞろあらわれる。彼らの顔は、それぞれじつにリアルで、いやらしいほど精力的である。それがまた変って、……。

手術の十五分ほどまえに、全身麻酔の注射を打たれ、たちまち意識が途切れて、つぎの瞬間に意識が戻る。その一瞬の間に現実の世界では十数時間が経過している——いちいち引用はしないが、これと同様の記述が澁澤だけではなく、後藤や安岡や日野や三木など、上記の作家たちの入院記にも決まりごとのようにでてくる。

これらの本を読んだのちに、私自身も全身麻酔を二度体験したが、くやしいかな、長くても三時間で目がさめてしまい、「十数時間が経過して」などという派手な体験からは見放されたままだった。それにくらべると澁澤龍彦の手術は想像を絶して激しいものだったらしい。

すなわち、この「都心ノ病院ニテ幻覚ヲ見タルコト」というエッセイで、澁澤は「十五時間におよぶ大手術で咽喉、喉頭、食道の大部分、それに腸の一部まで切断され、それからの四日間、全身の痛みをやわらげるべく『一種の魔薬』を投与されつづけた」としるしている。そして「薬物の作用というのはおそろしいもので、私は否や応もなく、まざまざと幻覚を見させられてしまったのである」とつづけ、その「幻覚」を次々に列挙していく。その一部がいま引用した文章なのです。

この「大手術」で投与された「一種の魔薬」が、手術後の数日間に「奇怪な幻覚」を澁澤にもたらした。で、こんどやっと気がついたが、この澁澤のいう「奇怪な幻覚」こそが、ここまで書いてきた「せん妄」なるものの正体なのでしょうな。そして、もしそうであるなら、澁澤ほどの激しさはなくとも、はじめて私は「せん妄」レベルの大きな手術を受け、その結果、いくつかの「奇怪な幻覚」におそわれることになったらしい。

いま、いそいでウィキペディアをのぞいたら、澁澤龍彥は一九八六年に声帯を切除して声を失った、とあった。その翌年、東京慈恵会医科大学附属病院の病床で読書中に、頸動脈瘤の破裂で死去。わずか五十九年の生涯だった。そして一九八七年『高丘親王航海記』、さらに三年後の九〇年に晩年のエッセイを集めた『都心ノ病院ニテ幻覚ヲ見タルコト』が刊行される。亡くなった時もベッドの上で『玉蟲物語』という新作を構想中だったのだとか。

それにしても、澁澤さん、そんなに苦しい状態に身をおいて、よくもこれだけの文章が書けましたね。いま私は八十六歳だから、没年時の澁澤さんの二十七歳上。しかし、あなたが体験した重度の苦しみに比べれば、私が味わった（もしくはまだ味わっている）苦しみなど、まったく屁のようなものなのですよ。

＊

それにしても、やっと連載が終ったと思ったら、たちまち、こんなに恐ろしい幻覚につきまとわれることになったとはね。なにしろ私は、この本の「1　老人でいるのに飽きたよ」の章を、こんな呑気な一行ではじめていたのですから。

八十代も半ばになると、老人として生きていることに飽きてくる。飽きるというか、「このまま老化のつづきとして、この世から淡々と消えていくのも、ちょっとなあ」という揺れのごときものが、どこからともなく生じてくるのです。

こう述べたとき、たしかに私は「老人として生きること」に飽きたじぶんを意識していたらしい。しかし、その一年ほどのちに「せん妄の魔」にとり憑かれ、ジタバタすることになるなどとは考えもしなかった。おまけに次の「2　だったら『お祭り読書』でもやってみるか」の章では、こんなふうにも気楽に書いていたっけ。

すなわち老化がすすみ、「そろそろおれもおさらばだぞ」と思いはじめたあたりで、「お盆」や「死者の日」に先立って、じぶんだけの小さなお祭りを勝手にやり、それを「もうじき死ぬ人」と呼ぶことにする。つまりは「死ぬすぐまえのひと踊り」ですな。

ひとことでいえば、「死ぬすぐまえのひと踊り」としての「お祭り読書」プロジェクトです。そして、そのプライベートな「お祭り」の空間を、私の子や孫の世代に相当する人びとが二〇一〇年代にはじめた（と私には思われる）「生きるための読書」の空気に、外から老人の手で触れる「ひと踊り＝実行」の場とすることにした。

でもね、私ごときよぼよぼの老人が、じぶんに残された短い時間をあれこれいじってみても、なかなか思うようにはいかんのですよ。

なにしろ、

――ある晩、ひとりの老人が弱った足のせいで、もろくも自宅の階段から落っこちた。そんな日常に起きた小事件が、あっという間に、老いたじぶんには処理のしようもない大事件に変貌し、その中心になんだかおっかないしろもの（すなわち「せん妄」の魔）が、とつぜん割り込んできたりするのだからね。まったく、たまったもんじゃないのですよ。

しかも若い頃の病気とはちがい、退院後、自宅に戻っても、そこに待っているのは老いの急坂をハアハア喘《あえ》ぎながら下っていく弱々しい体にすぎない。じっさい退院から四か月がたったいまでも、私の体には、もとに戻れずにいる中途半端な現実がいくつも染みついているのです。そのうちの二つをここであげておくと――。

①いまもまだしっかり歩けない。

腿《もも》や脛《すね》の筋肉が情けないほど衰え、やむなく杖をついて歩くのだが、たちまち疲れて息が切れる。したがって妻の助力がないと駅前のビルにある書店や図書館にも行けない。もちろん階段も上《のぼ》れないので二階の仕事部屋に行くこともね。それでも週に二度、リハビリの人（理学療法士）に来てもらうようになり、そのつど訓練のために階段を上り下りするので、必要な本やDVDを一階に設けた臨時の寝室兼書斎に運んでもらうぐらいのことは、なんとか可能になった。

②脳ミソの底のあたりがいつもぼんやりしている。

すでに「退院の挨拶」でしるしたように、どんな本でも楽に読めるし、むずかしい意味も理解できる。なのに、なにかを書いたり話したりしようとすると、肝心のコトバがでてこない。そんな失語症状態が依然としてつづいている。退院のさい、医師が「脳梗塞や脳卒中じゃないから、退院してふつうの生活をしていれば自然に治《なお》りますよ」といってくれたのに、いまだにその気配がない。じつはこの原稿もそんな状態で書いているのでね。どこかに消えたコトバを辞書やインターネットでさがすとか、だれかに訊くとか、じぶんの書いた古い本やノートを懸命にさがしてくるとか、なかなか楽ではないのですよ。

――と、こう書いていたら、数年まえにだした『最後の読書』という本で、二〇一五年に九十三歳で亡くなった鶴見俊輔さんの、文字どおりの「最後の読書」について書いた文章を思いだした。

鶴見さんの没後、幼いころからかれのそばで育った黒川創を中心に、事実上、鶴見さんもその一員だった「ＳＵＲＥ」という編集グループが、『「もうろく帖」後篇』を刊行する。後篇というのは、鶴見さんが七十歳になる寸前、「さて、これから私はどう老いていこうか」と考え、「もうろく帖」という小さなメモ帖をつけはじめた。そこから選んだメモを集めた一冊目が二〇一〇年に「ＳＵＲＥ」から刊行され、そのあとを継ぐ二冊目なので「後篇」になるわけね。そして、この後編の末尾には以下のような記述が付されていた。

二〇一一年一〇月二七日、脳梗塞。言語の機能を失う。受信は可能、発信は不可能、という状態。発語はできない。読めるが、書けない。以後、長期の入院、リハビリ病院への転院を経て、翌年四月に退院、帰宅を果たす。読書は、かわらず続ける。

二〇一五年五月一四日、転んで骨折。入院。転院を経て、七月二〇日、肺炎のため死去。享年九三歳。

この箇所を読んで私は、九十歳の柵をのりこえた鶴見さんが最後の三年半を、ベッドの上で「受信は可能、発信は不可能」という状態で過ごしたらしい、ということをはじめて知った。そして、このことに並々ならぬショックを受けて「読みながら消えてゆく」という文章を書き、それを第一回として新潮社のWeb雑誌『考える人』で「最後の読書」という新しい連載をはじめた。

ショックというのはね、もし「読めるけど書けないし話せない」のが鶴見さんでなく私だったらどうだろう、と考えたからです。


……たとえかれほど重くなくとも、遠からず私がおなじような時空に身をおく確率は、けっこう高い気がする。そうなったとき発信の力を欠いた私に、はたして三年半も黙々と本を読み続ける意力があるかどうか。

いまのところ「ある」といいきる準備は私にはないです。でも鶴見俊輔にはあった。どこがちがうのかね。(『最後の読書』)

この文章を仕事場で書いたのが二〇一七年の半ばごろ。それから七年ほどたった二〇二四年の冬に、案の定、私は二〇一一年以降の鶴見さんとおなじ「読めるけど書けないし話せない」の時空に身をおくことになった。

ただし「読む」といっても、私とちがって鶴見さんは脳梗塞だった。とうぜん脳にかかった抑圧は廃用症候群の私よりも、かなりつよかったろう。とすれば、いまの私の本の読み方(=本とのつきあい方）でさえ以前とは大きく変わっているのだから、鶴見さんの読み方にしても、おそらくはそれ以上に激しい変質を被っていたにちがいない。

とはいっても、それ以上のこと、つまり鶴見さんのベッド上の三年半におよぶ「読み方」の内実がどうだったのか——その正確なところは、そのかたわらにいた家族の方々や黒川さん、もしかしたら医療関係者たちにもわからなかったんじゃないかしら。

なのに、私が『最後の読書』の冒頭で書いた「読みながら消えてゆく」という文章では、その「読む」の語を脳梗塞以前の、通常の「読む」と同様のものと解釈している。

でもね、このふたつの「読む」は、やはりちがっているのですよ。したがって、もしも私が廃用症候群以後の、つまりは現在の状態でこの文章を書くことになったら、おそらく、「読みながら消えてゆく」とは別の書き方になったんじゃないかな。

ただし、だからといって、いちど書いた文章を消してしまいたいわけではない。その反対に、あれであれは、なかなかいい文章だったと思うのです。

ようするに「言語の機能」を失った鶴見さんが、ご自身で「私はこんなふうに読んだ」とか「読んでいる」と教えてくれないかぎり、どちらの解釈が正しいのか、最終的な答えなどあろうわけがない。いや鶴見さんだけでなく、いまの私自身がそうなのです。私の脳の底にも、まだぼんやりしたモヤが漂っている。そのかぎりでは、たったいま私が書いているこの文章にしても、それに理があるのかないのか、わかったものではないのですから。

そんな世界にもうしばらく生きて消えていく。よかれあしかれ、私の「死ぬすぐまえのひと踊り」は、どうやらそういうことになったようなのです。

あとがき

二〇二二年十二月からの一年間、スタジオジブリの雑誌『熱風』に「もうじき死ぬ人」という奇妙なタイトルの連載がのった。もとより筆者は私。そしてこの連載が完結の一年後、タイトルを『生きるための読書』と変えて書店の棚に並ぶことになる。本になるのが少し遅れたが、その事情はすでに「付記」でしるしたので省略します。

ただし「付記」だけでは「もうじき死ぬ人」だったタイトルが『生きるための読書』に変わった理由がわからない。そう思う方もおいでだろうから、ざっと説明しておくと、じつはこの連載のはじまるまえ――二〇一五年から二二年にかけての七年間に、私は『百歳までの読書術』『最後の読書』『かれが最後に書いた本』という三冊の本を出しているのです。

このうち『百歳までの読書術』は本の雑誌社の『本の雑誌』に、『最後の読書』と『かれが最後に書いた本』は新潮社のWeb雑誌『考える人』に連載されたもので、この二つの連載をつなげると、二〇一二年の三月号から二一年の二月号まで、したがって私が七十三歳から八十二歳にかけて書いた「老人読書」の書だったことがわかる。いいかえれば、このシリーズを書きながら、じぶんが紛れもない老人（オールド・オールド）であること、すなわち「もうじき死ぬ人」であることを、いやおうなしに自覚することになったのです。

「……とすると、その『もうじき死ぬ人』である私が、さらに新しい本を書きたいと思ったらどうすればいいのかね」

「そんなことわかるわけないよ。じぶんの悲惨な衰えぶりからして、書きながら死んじまう可能性だっていくらもあるんだからさ」

「そりゃそうだ。私の親しい友人たちにしても、その大半がいなくなってしまったしね。あれこれ考えず、なりゆきに任せるしかないのだろうな」

——とまあ、そんな具合にじぶんを説得して老いの日々を送っていたら、スタジオジブリの『熱風』が「新しい連載をしませんか」と声をかけてくれたのです。そこで、とりあえず一回目の「老人でいるのに飽きたよ」を書き、そうなると手当たりしだいに本を読むしか芸のない人間なので、おのずから二回目は「だったら『お祭り読書』でもやってみるか」という題名になった。

そこでも述べたように、まともな学問と無縁に生きてきた私は、若い頃から、なにか新しい問題にぶつかるたびに、それと「直接間接にかかわる本を、ひとまず満足できるだけの量、むちゃくちゃに読む」（『百歳までの読書術』）という乱暴なやり方で対処してきた。そしてその勉強法を、老人になったばかり（ヤング・オールド）の私が、冗談で「お祭り読書」という名称で呼ぶようになったのです。

――ならばやむをえない。こんどもその線でいくとするか。

そこで、すぐ頭に浮かんだのが、しばらくまえ近所の書店で私よりも遥かに若い未知の研究者、伊藤亜紗さんの『目の見えない人は世界をどう見ているのか』という本を見つけ、すくなからぬ感銘をうけたことだった。それをきっかけに、老人ゆえに、これまで敬遠していた若い研究者たちの本をポツポツと読むようになり、伊藤さんとおなじ年頃の「書く人」と「読む人」のあいだで、いつのまにか「生きるための読書」ともいうべき新しい読書習慣が生まれつつあることに気づいたのです。

そして、これまた思いがけず、この発見が私を「アナキズム」という古さびた思想の方に押し戻してゆく。媒介者はいまはなき鶴見俊輔さん。こうして、なんの計画もなく歩きはじめ、なかば偶然に、老いの一年間で実験的にでき上がったのがこの本なのです。

私は知らなかったが、一九七九年生まれの伊藤さんたちの世代を、世間では「ミレニアル世代」と呼んでいるらしい。「ミレニアム」はキリスト教でいう「千年紀」のこと。したがって「ミレニアル世代」とは、一九八〇年代の初めから九〇年代の半ばまでに生まれ、西暦二〇〇〇年の高い塀を子どもとして越えたのち、二十一世紀に成人した「最初の世代」を指しているのだとか。

そこで、ふと考えたのだが、私は一九三八年生まれで、日本敗戦の一九四五年に、戦時中は「国民学校」と呼ばれていた小学校に入ったのです。いうまでもなく当時は若者を「なんとか世代」と呼ぶような習慣はなかった。とはいえ、大日本帝国の無条件降伏は明治維新に匹敵する近代日本史上の大きな変わり目でしたからね。その点で私の世代は戦後日本で成長した「最初の世代」として、いまの「ミレニアル世代」にいくらか似た存在だったのかもしれない。

ただし「最初の世代」という点では似た存在だが、もちろん内実はちがう。それで思いだしたのが「大きいことはいいことだ」という流行語のたどることになった道筋です。

東京オリンピック後の一九六七年、お髭の指揮者・山本直純が気球に乗って「大きいことはいいことだ」と陽気に指揮してみせるテレビＣＭがあった。この森永チョコのＣＭがハデに当たり、一九七〇年の大阪万博開幕の頃には、ただの流行語ではなく、高度経済成長をことほぐ象徴的なコトバにまで急成長していた。そしてバブル景気の八〇年代になると、それがさらに強化され、当今の金ピカ社会を生き抜くには「小なんか無視して積極的に大をめざそう」といった気分が、ごく当たり前のように根づいてゆく。

そして、この「大きいことはいいことだ」の気分は二十一世紀にまでつづき、おそらくこの先もずっとそうなのだろうなと感じていたら、二〇一〇年代に入るや、にわかに「小さいことはいいことだ」の空気がよみがえってきたのです。

よみがえったというのはね、この本の中でも触れたが、「大きいことはいいことだ」というコトバが流行った六〇年代や七〇年代にも、水俣病に代表される大手企業と国家による環境破壊との闘争から、本文でも述べたアングラ演劇とか関西フォークやモダン・ジャズの貧乏旅まで、「小さいことはいいことだ」の側で活動する連中が、さまざまな場所に、すくなからずいたからです。

でも、この「大きい」の専制に抗する声は急速に薄れ、ほとんど消えたも同然の状態が二十一世紀にまでつづく。――と、そう侘しく思っていたら、十年ほど前から「小さいことはいいことだ」という懐かしい声を、しだいにつよく耳にするようになった。いったんは消えたと思っていた声がよみがえったのですからね。長い時間を生きた老人たる者、そりゃあ、おどろきますよ。

ただし、このたびの「小さいことはいいことだ」が一九六〇年代や七〇年代とちがうのは、その声が切迫した闘争や先鋭的な芸術ではなく、ごく普通の人たちの日常生活から聞こえてきたからです。

*

では「その声」とはどんな声なのか——。

私の場合でいうと、二〇二〇年の春、フリー編集者の宮田文久さんから、あなたが書いた編集論を集めて一冊の本を出したい、というメールをもらった。で、詳細ははぶき結果だけをいうと、この本は二〇二二年に『編集の提案』という書名で、最先端デジタル文化の運動家・若林恵さんが率いる黒鳥社という出版社から刊行された。お二人の力で、著者の私がびっくりするほど読みごたえのある本が生まれ、評判もけっこうよかったらしい。いやはや、むかし発表したときは、ほとんどなんの反響もなかったのにね。

それともう一人、こちらは今年（二〇二四年）になってからだが、『熱風』の若い編集者・菊池拓哉さんを通じて、荻窪の町で「Title」という「小さな本屋さん」をやっている辻山良雄さんから、対談をしたいという申し出があった。

ご存じのとおり、近年、新しいタイプの小さな新刊書店が日本各地に続々と出現している。いぜんは編集者だったせいもあって、そのことには私も関心があり、辻山さんの『しぶとい十人の本屋――生きる手ごたえのある仕事をする』（朝日出版社）という本を読んだりしていたので、よろこんで承知し、雨の中をタクシーで荻窪にでかけていった。なにしろ退院後まもない頃だったので、よろよろする体を一本の杖とタフな妻の腕に支えられてね。

で、なにをいいたいかというと、辻山さんは元リブロ池袋本店のマネージャーで、じつは百人近い部下を抱えて働いていたのだとか。そういう人物が二十年近くつとめた大書店をやめて町場の「本屋さん」になった。つまり「大きいことはいいことだ」を捨てて「小さいことはいいことだ」の暮らしをえらんだ。しかも辻山さんの「Title」だけではなく、日本各地でおなじような「小さな本屋さん」が急増しているらしいのです。

しかも「本屋さん」だけではない。私の本をつくってくれた宮田さんにしても元は文藝春秋の編集者だったし、若林さんは平凡社の編集者で『WIRED』日本版の編集長でもあった。そんな人びとが大きな書店や会社をとびだし、そこではできなかったことをやろうとしている。

宮田さんは一九八五年生まれで、若林さんは十四歳上の一九七一年、そして辻山さんは一九七二年の生まれ。すなわち、これまで「大きいことはいいことだ」の世界で育った世代の人たちを中心に、多くの人びとがそこから脱出し、それぞれの領域で「大きいのは苦手」「小さいほうがいい」の世界に移っていこうとしているらしい。とうぜん老人や子どもたちも一緒にね。正直、おどろきましたよ。この系統の「脱出」は私たちの世代にはなかった。その世代がやれなかったことを、かれらの世代がやっている。そのズレがうれしいじゃないですか。

＊

今年の五月七日に退院してから早くも六か月がたった。その間、浦和の街の外に出たのは辻山さんの「Title」を訪ねた一回と、ほかには、この本を編集してくれた新潮社の須貝利恵子さんと、次の本を準備してくれている宮田さんが、わが家を何度か訪ねてくれただけ。だったらほかに会った人はいないのかというと、そうではないのね。週に一回ずつ、わが家まで迎えに来てくれるワゴン車に乗って、デイケア（リハビリテーション）とデイサービス（入浴、昼食、軽いリハビリなど）の施設に行き、私と同世代の老人たちと気軽に付き合っている。私より若い人には想像もつかないだろうが、じぶんが老人であることを忘れて、おなじ年ごろの連中と一緒に数時間を遊ばせてもらうのは楽しいですよ。

この本では私なりのやり方で若い人たちの生き方について考えたが、もし私に新しい本をだす力が残っていれば、私というじじいが同輩の老人たちの生き方について考えることになるかもしれない。本はともかくとしても、『本の雑誌』で「続・百歳までの読書術」という連載をはじめたので、そこで時折、その手の文章を書くことになるんじゃないかな。

なんにせよ、こんなにのんびりと「あとがき」を書けるとはね。退院当初には考えてもいませんでしたよ。

その間、この本を編集してくれた須貝さんをはじめとする新潮社の校閲や装丁の方々、そして本の雑誌社の浜本茂さん、ジブリ『熱風』の額田久徳さんと菊池拓哉さん、そしてフリー編集者の宮田文久さんや黒鳥社の若林恵さんに感謝を。みなさんの作業が、あやうく死にかけた私をいかにつよく支えてくださったか。むかし編集者だった私が現にそうだったように、たぶんみなさんも、さほど深くは考えなかったんじゃないかな。デジタルとはちがう。やはり紙とインクの本はすごいや。あらためて、そう考えたしだいです。

二〇二四年十月三十一日

津野海太郎

＊初出　もうじき死ぬ人　『熱風』二〇二二年十二月号〜二〇二三年十一月号

生《い》きるための読書《どくしょ》

著　者
津《つ》野《の》海《かい》太《た》郎《ろう》

発　行
2024 年 12 月 20 日
2　刷
2025 年 6 月 10 日

発行者　佐藤隆信
発行所　株式会社新潮社
〒 162-8711　東京都新宿区矢来町 71
電話　編集部 03-3266-5411
　　　読者係 03-3266-5111
https://www.shinchosha.co.jp

印刷所
株式会社精興社
製本所
大口製本印刷株式会社

乱丁・落丁本は、ご面倒ですが小社読者係宛お送り下さい。
送料小社負担にてお取替えいたします。
価格はカバーに表示してあります。

ISBN978-4-10-318535-2 C0095